A Tavola in Sicilia

Doris Blum Jean Pierre König

A Tavola in Sicilia

Die Seele
der mediterranen Küche

Mit 90 originalen Rezepten

AT Verlag

Inhaltsverzeichnis

Umschlagabbildung und Fotos: Jean Pierre König
Satz, Gestaltung und Illustrationen: AT Verlag, Aarau
Lithos und Druck: AZ Grafische Betriebe AG, Aarau
Bindearbeiten: Buchbinderei Burkhardt AG, Mönchaltdorf
Printed in Switzerland

ISBN 3-85502-650-5

Gloria a lu siculu

Nasciu e crisciu
mezzu cù gniatri
vitti la terra
cu tanti spini.
L'amuri è forti
pi la Sicilia
chi la trinacria
si la surreggi.

Ehre dem Sizilianer

Geboren
inmitten der andern
und gross geworden
sah ich die Erde
voller Dornen.
Stark ist die Liebe
für Sizilien,
getragen
von Trinakria.

Alberto M. Savasta Strazzera

Trinakria oder Insel der drei Kaps

An jenem Tag im Dezember schien der Ätna finster gestimmt. Er grollte in seinen Tiefen und schrieb Rauchzeichen in den Himmel. Als Neulinge auf seiner Insel versuchten wir die Deutung zu lesen. Wir waren für eine Reportage in Catania. Unseren ersten Termin hatten wir an ebenselbem Abend mit einer sizilianischen Kochbuchautorin, Eleonora Consoli, die Sie auch auf den nächsten Seiten in die Küche ihrer Insel einführen wird. Das Rendez-vous entpuppte sich als ein gigantisches Büffet alla siciliana, zu dem über dreissig Gäste eingeladen waren. Man begann etwa um zehn Uhr mit dem Essen, und unsere Gastgeberin schöpfte aus dem Vollen: Das ganze Repertoire, kalte Antipasti, warme Antipasti, Eingelegtes, Gebratenes, Frittiertes, Gefülltes mit Fisch, mit Gemüse, mit Ei ..., dann die Pasta ..., und wir dachten an den Morgen mit dem nächsten Termin, auch an den Ätna mit seinen Hieroglyphen und glaubten uns der Deutung nahe.

Jene Winterreise mit tiefblauem Himmel, leuchtenden Orangen und stillen, verträumten Augenblicken packte uns. Und wir winkten aus dem Flugzeug, wir kommen gleich wieder. Doch der Berg mit den Zyklopen im Bauch hatte sich eine Kapuze übergezogen. Schliesslich lagerten sich andere Reisen, andere Themen dazwischen, bis wir mit diesem Buch endlich ernst machten. Um zu entdecken, wie unendlich weit diese Insel ist. So verschieden in ihren Jahreszeiten, Landschaften und Menschen. Wir erlebten sie unter dem brennenden Flirren über den Weizenfeldern und dem grellen Schnee in den Zitronengärten. In den Kakteenplantagen wähnten wir uns in Südamerika, während die Dattelpalmen Geschichten von Sindbad und Ali Baba wisperten. Und tauchten auf den Liparischen und Ägadischen Inselchen noch einmal in eine andere Welt. An die Agrarstädte im Landesinnern und die Zerstörung mancher Küstengebiete mussten wir uns gewöhnen, um durch die Zeit und das Zuhören, Sizilien besser zu begreifen. Die klassischen Touristenziele genossen wir, wenn keine Saison mehr war, und stiessen nur wenig abseits auf eindrückliche Alternativen. Wie das Kunsthotel von Antonio Presti oder das Freilichtmuseum Fiumara d'Arte oder die Art Brut von Filippo Bentivegna.

Wir erlebten Begegnungen von ergreifender Fürsorge. Immer wieder machten Menschen Umwege oder liessen alles stehen und liegen, um uns zu helfen, wenn wir uns verfahren hatten. Und man verfährt sich oft in Sizilien, weil Adressen schlecht bezeichnet sind oder einfach auf die Kilometerzahl einer Provinzstrasse lauten. Wir denken an den Mann, der uns aus dem staubigen Labyrinth von Wohnkasernen herauslotste und uns zum Abschied mit einer Rose beschenkte. Oder an den Gemüsehändler, der uns mit einer Tüte Zitronen nacheilte: Riechen Sie daran! Das ist der Duft meines Landes, il profumo sicilano. Oder an Carmela, die Zimmerfrau, die uns einen Topf Honig mitgab, weil sie und ihr Mann in der Schweiz gearbeitet hatten. Oder an Filippo, ohne den es nie zu den Eindrücken in der Kasbah von Mazara del Vallo gekommen wäre. Dort trafen wir auch den Uhrmacher und Volksdichter Alberto M. Savasta Strazzera, der für uns spontan das Gedicht «Gloria a lu siculu» schrieb.

Wir erlebten Sizilien in Umbruchstimmung. «Sicilia si muove», hörten wir denn auch immer wieder. Eine Aussage, die zwischen Hoffnung und Überzeugung pendelte. Wir hörten sie vor allem von Unternehmern der mittleren und jüngeren Generation. Und es beeindruckte uns, mit wie viel Energie diese Männer und Frauen ihre Arbeit anpackten und welch tiefe Gefühle sie ihrer Herkunft, ihrem Sizilien entgegenbrachten. Sicilia si muove, sind auch wir nach unseren Reisen überzeugt, und hoffen, Ihnen mit dem einen oder anderen Bild, diesen Eindruck zu vermitteln.

Die Griechen nannten die Insel wegen ihrer Form Trinakria, und das dreibeinige Gorgonenhaupt ist bis heute Siziliens inoffizielles Wappen. Nach der Dreiecksform strukturierten später die Araber ihre Verwaltung. Weil es Dinge gibt, die man nicht neu erfinden kann, haben wir uns in der Gliederung dieses Buches der Dreiteilung angepasst. Dabei waren Kompromisse nötig, die wir Sie bitten, auf der Insel der grossherzigen Menschen, grossherzig zu übersehen.

Doris Blum und Jean Pierre König

Ricordo di tanto in tanto ...

La cucina siciliana è tanto varia che poterne dare una definizione precisa è veramente difficile. Tanti popoli influirono sulla sua storia perché la Sicilia, sin dai tempi dei Greci e dei Romani, fu considerata un prezioso territorio di conquista, per la sua posizione strategica nel cuore del mare Mediterraneo.

La storia della gastronomia siciliana è, quindi, la storia delle invasioni dell'isola. Ma è anche la storia dei suoi prodotti rigogliosi e sani, è il susseguirsi di preparazioni insolite e accattivanti, nelle umili case dei pescatori in riva al mare; nelle «masserie» dei contadini, in campagne, piene di sole e di verde; nelle bellissime dimore dei ricchi, nei castelli dei nobili siciliani, disseminati qua e là nelle città e nei borghi ridenti, fra mare e colline. In queste dimore, nell' Ottocento, si esercitavano i «Monsù», cuochi chiamati apposta dalla Francia per allestire le pietanze più elaborate che tanto bene seppero racchiudere in sè la doviziosità e genuinità dei prodotti disponibili. Ed è anche la storia dei conventi, dei monasteri, dove la meditazione, il silenzio, ispiravano – quasi per contrasto – sublimi leccornie degne dei palati più raffinati. Archéstrato, Apicio, Plinio, parlavano di questa cucina, ma anche Maupassant, Dumas, Goethe ... Io vi propongo queste mie semplici considerazioni.

In Pasticcerien wie hier von Russo in Santa Venerina wird noch traditionelles sizilianisches Kunsthandwerk gepflegt.

Aus der Tiefe der Erinnerung

Die sizilianische Küche ist derart vielschichtig, dass es schwer fällt, sie zu definieren. Viele Völker haben an ihrer Geschichte mitgeschrieben, weil die Insel seit der Antike das Ziel von Eroberungen war. Ihre strategische Lage mitten im Mittelmeer machte sie zur kostbaren Beute.

Die kulinarische Geschichte Siziliens ist also gleichzeitig die Geschichte seiner Besetzungen. Anderseits bezeugt sie eine schwelgerische Fülle von Naturprodukten, von ungewöhnlichen und faszinierenden Zubereitungsarten: Egal, ob in den einfachen Fischerhütten am Meeresufer oder in den Höfen der Bauern auf dem Land, durchflutet von Sonne und Grün, ob in den prächtigen Häusern der Reichen oder in den Palästen der sizilianischen Adligen, die da und dort in den Städten und in den blühenden Weilern zwischen Meer und Landesinnern verstreut lagen. In diesen Palästen wirkten im 19. Jahrhundert die «Monsù», Köche, die man sich extra aus Frankreich kommen liess, weniger um des Essens als um des Drum und Dran willen oder der Kunst, den vorhandenen Überfluss an Naturprodukten in den Gerichten darzustellen. Die kulinarische Geschichte Siziliens ist auch die Geschichte der Klöster, in denen die Meditation und die Stille – irgendwie als Kontrast – zu delikaten Leckereien inspirierten, die dem raffiniertesten Gaumen schmeichelten. Archestratos, Apicius, Plinius sprachen von dieser Küche, aber auch Maupassant, Dumas, Goethe ... Weshalb ich Ihnen hier meine ganz persönlichen Gedankengänge unterbreite.

Ein Sizilianer zeigt seiner Küche gegenüber immer sehr grosse Gefühle. Und ihre Tradition, mit ihren tausenderlei Einflüssen, verrät sich auf seinem Teller, in seinen täglichen Mahlzeiten. Seine Phantasie, seine gute Laune, ja die ganze Lebensfreude hängen mit diesen seinen tiefsten Wurzeln zusammen: Sie bilden die eigentlichen «Zutaten» zur Schöpfung von all den fröhlichen, farbenfrohen und schmackhaften Gerichten, wie man sie nur in diesem Winkel der Erde so richtig zu würdigen vermag.

Das ausgesprochen günstige Klima trägt natürlich viel zur Entstehung von solch verführerischen Speisen bei. Es

Die unberechenbaren Ausbrüche des Ätna hinterlassen überall ihre Spuren. Die Lava hier erinnert an 1996, als sie das Dorf Zafferna Etnea beinahe zudeckte. Mittlerweile spriessen wilde Gräser daraus, und in zwei, drei Generationen mag die fruchtbare Erde entstehen, die diesen Vulkangürtel auszeichnet.

Hochzeit auf palermitanisch.

Sempre con grande poesia un siciliano si accosta alla sua cucina. E la tradizione, con le sue mille suggestioni, è presente nei suoi piatti, nei suoi manicaretti di ogni giorno. La sua fantasia, il buonumore, la gioia di vivere fanno da corona al rispetto delle proprie radici più profonde: da questi semplici «ingredienti» viene fuori tutta una serie di piatti allegri, colorati, e gustosissimi, che solo in quest'angolo del mondo è possibile apprezzare.

Il clima particolarmente favorevole contribuisce non poco alla nascita di queste allettanti preparazioni. Esso permette la coltivazione di una gamma infinita di ortaggi che, nelle contrade assolate, negli orti rigogliosi, sulle colline verdeggianti rendono più belli i panorami dell'isola e più succulente le pietanze che da essi saranno ricavate.

Anche la religione e la storia hanno un ruolo importante: i ricordi dei popoli cha hanno dominato la Sicilia sono sempre presenti. I Greci, i Romani, gli Arabi, gli Angioini, gli Spagnoli, i Normanni hanno lasciato tracce indelebili non solo nei monumenti disseminati qua e là nel territorio, ma anche nei piatti che allietano ogni giorno le tavole dei siciliani. Per esempio, la dominazione spagnola influì moltissimo sulle abitudini religiose degli isolani sulla cultura e persino sulla lingua parlata: infatti molte parole del

ermöglicht eine unendliche Gemüsevielfalt, die sich in den sonnendurchtränkten Strassen, den prächtigen Gärten oder auf den grünenden Hügeln zur Schau stellt. Sie verschönert die Landschaft unserer Insel und steigert erst noch den Genuss, wenn man sie zum Verkauf ausgebreitet sieht.

Wie ich bereits sagte, spielen die Religion und die Geschichte eine wichtige Rolle: Die Hinterlassenschaft der Völker, die in Sizilien geherrscht haben, ist allgegenwärtig. Die Griechen, die Römer, die Araber, die Anjou, die Spanier, die Normannen haben alle ihre unauslöschlichen Spuren hinterlassen, und zwar nicht nur in den überall verstreuten Baudenkmälern, sondern auch in den Speisen, welche die Sizilianer tagtäglich geniessen. Die Herrschaft der Spanier beispielsweise beeinflusste stark die religiösen Gebräuche der Inselbewohner, was sich indirekt wieder auf die Kultur und die gesprochene Sprache auswirkte. So stammen viele Wörter des sizilianischen Dialekts von spanisch-portugiesischen Ausdrücken ab. Auch die barocken, buntfarbenen Dekorationen mancher Dolci wie etwa der Cassata erinnern an die kunstvollen Verzierungen, Ornamente und Fresken, die auf der Iberischen Halbinsel verbreitet sind. Und in der strengen Klausur der alten Klöster entstanden unter den

Die «Kornkammer» der Römer hat die Landschaft Siziliens bis heute geprägt.

Caltagirone ist berühmt für seine Töpferkunst. Eine wahre Knochenbrechertreppe, 1608 vom Architekten Giuseppe Giacalone entworfen, verbindet die obere Stadt mit der unteren. Beim Hinaufklettern hat man dafür Musse, die Keramiken, mit der die knapp hundertfünfzig Stufen verkleidet sind, zu bestaunen.

dialetto siciliano derivano direttamente dalla colorita lingua ispano-portoghese. Anche le decorazioni barocche e variopinte di alcuni dolci come la «cassata» richiamano gli elaborati fregi, ornamenti, affreschi che si rirovano nella penisola iberica. E nei conventi, negli antichi monasteri, isolati nella più stretta clausura, dalle mani pazienti e operose di suore e di monaci scaturirono – nei secoli – originali ricette che ancora oggi è possibile gustare e apprezzare. Nascono così le suggestive leggende, le usanze insolite, le allegre feste religiose dietro le quali si cela sempre uno spunto originale e interessante.

Le feste per il Natale, in Sicilia, sono molto suggestive. Ci si prepara alla grande ricorrenza con giorni e giorni d'anticipio, per allestire il presepe più bello, fatto con le statuine di terracotta, di ceramica o, talvolta, anche di marzapane, create spontaneamente dalle mani di autentici artisti artigiani e par preparare in casa dolci e liquori profumatissimi a base di scorze di agrumi, o di alloro o di cannella. La preparazione del pane ha origini antichissime, che si fanno risalire ai tempi dei Greci, dei Romani, dei martiri cristiani. In occasioni come la Pasqua o le feste di alcuni Santi, questo antichissimo alimento assume le forme più strane di animali, statuine votive, di fiori. In

geduldigen und fleissigen Händen der Nonnen und Mönche authentische Rezepte, die man noch heute gern geniesst. Vor diesem Hintergrund entstanden all die eindrucksvollen Legenden, die eigenartigen Bräuche, die fröhlichen religiösen Feste, hinter denen sich stets ein origineller und interessanter Anlass verbirgt.

Äusserst eindrücklich sind die Festlichkeiten zu Weihnachten. Bereits Tage vorher werden Anstalten getroffen, die Krippe wunderschön herzurichten. Dazu gehören die Figuren aus gebranntem Ton oder Keramik oder manchmal auch aus Marzipan. Immer sind es spontane Einzelanfertigungen von Kunsthandwerkern, und im Haus duftet es von Gebäck und selbstgemachtem Likör aus Zitrusfruchtschalen, Lorbeerblättern oder Zimt. Antiken Ursprungs sind die Formen der Brote, die auf die Zeiten der Griechen, Römer und christlichen Märtyrer zurückgehen. Bei Feiern wie zu Ostern oder bestimmten Heiligenfesten bekommt dieses uralte Lebensmittel höchst seltsame Formen von Tieren, Votivstatuen oder Blumen. In manchen Gegenden werden sogar richtige architektonische Gebilde wie Voluten oder Bögen gestaltet. Es sind kleine Meisterwerke. Die Festlichkeiten wie Taufe, Verlobung und Hochzeit waren im alten Sizilien immer Momente inniger Gefühle. Es gab Geschenke, man umfasste sich zum Tanz und stimmte Gesänge an zum Lobpreis der Neuvermählten oder des Täuflings. Bei solchen Anlässen schwelgte man im Überfluss, es gab besonderes Gebäck und Zuckerwerk, das prachtvoll verziert und sehr bunt war.

Auch dem Meer, das für die Wirtschaft des sizilianischen Volkes und in seiner Geschichte eine so grosse Rolle spielte, wurden stets viele Feste gewidmet. Bei solchen Gelegenheiten wird der Fischfang durch allegorische Pantomimen gefeiert. Die beleuchteten Barken formieren sich in Reihen; es folgen Darstellungen, die an das Leben der Fischer erinnern, an das langen Warten der Frauen am Ufer, an die frohe Rückkehr der Boote, die mit glücksbringenden Bildern bemalt wurden. Und draussen auf dem Meer gedenkt man der Landung der Sarazenen, oder man erbittet den Segen für die Fischerboote, indem man Blumen ins Wasser streut und den Schutz der Muttergottes herbeifleht.

Die Plantagen mit den Kaktusfeigen (hier noch in Blüte) geben der Landschaft im Süden des Ätna einen südamerikanischen Anstrich.

Pistazienbäume tragen nur jedes zweite Jahr Früchte. Berühmtestes Anbaugebiet ist Bronte auf der Westseite des Ätna.

alcune zone si preparano con il pane addirittura delle vere e proprie forme architettoniche, come volute e archetti, che sono dei piccoli capolavori. Le feste per il battesimo, per il fidanzamento, per le nozze erano – nella Sicilia antica – un momento di grande poesia: si scambiavano doni, si intrecciavano danze, s'intonavano canti inneggianti – di volta in volta – al bambino o agli sposi. Queste feste erano sempre allietate da pietanze, pani e dolci veramente particolari, molto colorati e riccamente decorati.

Molte sono anche le feste dedicate al mare, che tanta importanza ha avuto nell'economia e nella storia del popolo siciliano. In queste occasioni si celebra la pesca con pantomime allegoriche, con sfilate di barche illuminate, con rappresentazioni che ricordano la vita dei pescatori, le lunghe attese delle donne in riva al mare, il gioioso ritorno con le barche, tutte decorate con beneaugurandi pitture colorate. E, sempre in mare, si ricorda l'approdo dei Saraceni o si prega, sui pescherecci, gettando fiori in acqua, per invocare la protezione della Madonna.

Ricordo di tanto in tanto, con molta nostalgia, la grande cucina della mia casa di campagna dove facevano spicco le pentole di rame, i tegami di coccio, gli attrezzi di legno, gli attizzatoi di ferro battuto, i bracieri di rame sbalzato. Ricordo le «masserie» dei vicini, dove il forno di pietra era l'oggetto più importante della casa, perché serviva a preparare il pane che costituiva – spesso – l'unico alimento sicuro per le famiglie più povere. Durante la cottura, davanti al forno, si facevano preghiere, si intonavano canti di auspicio per la buona riuscita delle grandi pagnotte fragranti.

Ricordo gli orti profumati con le piante cariche di pomodori, di zucchine, di peperoni, di melanzane; i giardini ricchi di erbe aromatiche in tutte le stagioni; la raccolta delle olive, le liete vendemmie, le gite per andare a raccogliere i preziosi pistacchi, i fichidindia, la frutta di ogni tipo. Ricordo i covoni di grano delle campagne arse dell'estate; le folate improvvise di profumo di zagara che precludevano al puntuale miracolo della riproduzione di arance, mandarini, limoni; le grandi dispense piene di conserve, odorose di mele e di uva stese ad essiccare. Eleonora Consoli

Wie oft denke ich wehmütig an die geräumige Küche in meinem Elternhaus auf dem Land, in der die Kupferpfannen in Reih und Glied standen, die Tontöpfe, das Holzgeschirr, die Schürhaken aus Schmiedeisen, die Kohlebecken aus Gusseisen. Ich erinnere mich an die Gehöfte der Nachbarn, in denen der Steinofen eine zentrale Bedeutung hatte, weil darin das Brot gebacken wurde, das oft die einzig sichere Nahrung der ärmeren Familien war. Während das Brot in der Hitze buk, wurde vor dem Ofen gebetet und beschwörende Gesänge wurden zum guten Gelingen der schweren duftenden Laibe angestimmt.

Ich erinnere mich an den Geruch der Gärten mit den schwer behangenen Stauden der Tomaten, Zucchini, Peperoni und Auberginen; ich erinnere mich an die zu allen Jahreszeiten üppigen Kräutergärten, an die Olivenernte und die Traubenlese. Ich denke an die Ausflüge, die wir unternahmen, um die kostbaren Pistazien zu sammeln oder die Kaktusfeigen und alle möglichen anderen Früchte. Ich erinnere mich an die Weizengarben auf den ausgedörrten Feldern des Sommers, an die unerwarteten Duftschwaden der Orangen- und Zitronenblüten, die das wiederkehrende Wunder der reifenden Früchte vorausnahmen; an die Speisekammern, die von Eingemachtem überquollen und nach Äpfeln und den zum Trocknen ausgebreiteten Trauben dufteten. *Eleonora Consoli*

«Unsere Zucchini» sagen die Sizilianer den schlagenförmigen Kürbissen, den Zucche lunghe.

Unter dem Vulk

Der Ätna grummelt und brummelt, spuckt glühende Brocken und nebelt sich ein. Der Sage nach schmieden die Zyklopen in seinem Innern die Blitze. Und wie aus tausend Mündern bricht die Wut aus ihm heraus. «Bocche» nennen die Einheimischen diese unberechenbaren Öffnungen, aus denen sich das flüssige Feuer ergiesst, so wie der Vulkan für sie einfach «a muntagna» oder «der Berg» ist. Als Katastrophe aller Katastrophen gilt der Ausbruch im Jahr 1669, als ein Lavastrom auf der Ostflanke ganze Dörfer und Städte zudeckte. Wie ein Paradox breitet sich darauf jetzt fruchtbare Erde aus, üppige Gärten, Terrassen mit Reben und Zitrusbäumen, Kastanien- und Eichenwälder. Wegen der ständigen Unruhe durch ausbrechende Lava liegen viele der weit hinaufreichenden Kulturen verlassen. Von dort holen sich so Aromaverrückte wie der Schnapsbrenner Giovanni La Fauci oder der Konfitürenköchler Corrado Assenza ihre halbwilden Früchte und nirgendwo anders her. Aus Bronte im Westen kommen die besten Pistazien, und die Kaktusfeigen im Süden geben der Landschaft ein südamerikanisches Gepräge. Zerstörerischer als «a muntagna» zeigt sich vielerorts der Mensch: Mit den für Sizilien typischen, wild angefangenen Betonschneisen, den Skeletten aus Gebäudeteilen, halbfertig und leck, weil vielleicht das Geld ausging oder die Bewilligung ausblieb oder sonst aus einem Grund. Nicht unversehrt vom Tourismus blieben die sieben Vulkanspitzen im Thyrrenischen Meer oder kurz die Liparischen Inseln, die Inseln des Windgottes Äolus. Erst abseits des Trubels wirken sie unverändert mit grosser Anziehungskraft.

Auf der Westseite zeigt sich «der Berg» einmal freundlich.

Eleonora Consoli, Cucina del Sole Viagrande

Die Glockenklänge von San Mauro verblassen hinter dem Jasminduft in Eleonoras Garten, der durchzogen wird von appetitlichen Wölkchen aus der Küche. Viagrande war früher die Sommerresidenz der wohlhabenden Catanesi. Davon zeugen die prächtigen Villen, verziert mit schwarzem Lavastein, der an den Ätna erinnert. In diesem Viagrande hat die Journalistin für Tourismus und Gastronomie ihr umfangreiches Werk über die sizilianische Küche – «Cucina del Sole» – geschrieben und hier bereitet sie ihre Sendungen fürs Fernsehen vor. Für ihre Serie «Perle di Sicilia» wurde sie ausgezeichnet. Obwohl sie viel herumreiste, Verwandte im Landesinnern hat und auch in Palermo wohnte, ergreift sie Partei für die catanesische Küche: «Sie ist weniger üppig und weniger süss als die palermitanische.» Am besten gefallen ihr die einfachen Genüsse, wie sie sie in ihrer Kindheit erlebte und in der Einführung zu diesem Buch beschreibt. Nun hat sie ihre behagliche Küche in dem schönen Garten für Kochkurse geöffnet. Sie gibt auch solche für Ausländer, denn Kochen und Essen sind bekanntlich die besten Reiseführer.

Conserva dolce di pomodori

Eingemachtes süsses Tomatenmus

Auf dem Land kocht man auch Marmeladen aus grünen Tomaten. Dieses Mus hier ist anders. Es hat den Geschmack der vollreifen Früchte und wirkt dank Peperoncino und Rotwein ein wenig wie Ketchup. Wie dieses passt es als Würzsauce zu Gemüse, Fisch und Fleisch, aber auch einfach als Brotaufstrich.

800 g vollreife, prallrote Tomaten
300 g Zucker
1 Peperoncino
50 ml Rotwein
Saft von 1/2 Zitrone

Die gewaschenen Tomaten in Stücke schneiden, entkernen, in einen Topf geben und 10 Minuten garen. Durch ein Sieb streichen, den Zucker und den klein geschnittenen, entkernten Peperoncino zufügen. Das Mus wieder zum Kochen bringen, den Wein dazugiessen und die Hitze reduzieren. Unter fleissigem Rühren bis zum Gelierpunkt kochen. Kurz vorher den Zitronensaft filtern und untermengen. Noch heiss in saubere Einmachgläser füllen und diese gut verschliessen.

Eingemachtes süsses Tomatenmus.

Marmellata di zucchine verde

Grüne Kürbismarmelade

Die hellgrünen, schlangenförmigen Flaschenkürbisse gelten unter den Sizilianern als «unsere Zucchini». Richtig heissen sie «Zucca lunga». Sie haben einen nussähnlichen Geschmack und, wenn sie noch jung sind, praktisch keine Kerne.

Ca. 1,2 kg hellgrüne, schon etwas reife Flaschenkürbisse (Zucca lunga)
etwas Salz zum Blanchieren
800 g Zucker (auf 1 kg Fruchtmasse)
Saft von 1/2 Zitrone

Die Kürbisse schälen, in Stücke schneiden und entkernen. In schwach gesalzenem Wasser wenige Minuten blanchieren, abschütten, gut abtropfen lassen und auf einem Tuch ausbreiten. Mit einem anderen Tuch zudecken und 24 Stunden trocknen lassen. Dann grob zerschneiden, wiegen und in einen Topf geben. Mit dem Zucker (800 g Zucker auf 1 kg Kürbismasse) und dem Zitronensaft vermischen. Bei mässiger Hitze und unter fleissigem Rühren etwa 10 Minuten kochen. Heiss in saubere Gläser füllen und diese gut verschliessen.

Der kulinarische Tipp ❄ Zucca lunga – manchmal als «Kellenkürbis» oder «Keulenkürbis» übersetzt – gibt es vereinzelt auch auf hiesigen Gemüsemärkten.

Melanzane sott'olio

Eingemachte Auberginen

Die für Sizilien typischen Auberginen sind rund und blassviolett. Das Blanchieren im Essigsud gibt ihnen eine erfrischende Note und macht sie zur angenehmen Beilage für eine Grillata.

1 kg Auberginen (möglichst eine kugelige, hellviolette Sorte)
grobes Meersalz
3/4 l Weissweinessig
2 Gewürznelken
5 schwarze Pfefferkörner
1 Zweig frische Minze
4–5 Knoblauchzehen
1 TL getrockneter Oregano
1 Flasche kaltgepresstes Olivenöl

Die gewaschenen Auberginen in 4 mm dicke Scheiben schneiden und eventuell entkernen. Auf beiden Seiten salzen und zum Abtropfen auf ein Gitter legen. 3 Stunden ziehen lassen, dann mit Küchenpapier trocken tupfen. Den Essig mit Nelken und Pefferkörnern aufkochen. Die Auberginenscheiben portionsweise in den Essigsud geben und 2–3 Minuten blanchieren. In ein Sieb schütten und gut abtropfen lassen. Danach auf einem Küchentuch ausbreiten, mit einem anderen Tuch abdecken und 24 Stunden trocknen lassen.
Mit ein paar Minzeblättchen, dem Knoblauch und Oregano in saubere Gläser schichten und mit Olivenöl bedecken. Die Gläser verschliessen. Am nächsten Tag kontrollieren, ob noch mehr Öl nachzugiessen ist. Die Auberginen müssen vollständig damit bedeckt sein. An einem kühlen, dunklen Ort mindestens 1 Monat marinieren lassen.

Der kulinarische Tipp ❄ In Restaurants grillt man die Auberginen, bevor man sie in Öl einlegt. Aber der Essig macht sie leichter verdaulich.

Granite

Fruchteis

Die Araber führten in Sizilien – und dadurch auch in Europa – das Eisschlecken ein. Wenn es auf der Insel warm wird, bildet die sorbetähnliche Granita zusammen mit einer Brioche das eigentliche Frühstück. Jedoch nicht vor zehn Uhr.

Granita di limone

Zitronengranita

160 g Zucker
3/4 l Wasser
6 unbehandelte Zitronen

Den Zucker im Wasser auflösen und zu Sirup kochen. Auskühlen lassen und mit der abgeriebenen Schale einer Zitrone und dem Saft von sechs Zitronen vermengen. Die Flüssigkeit in die Eismaschine füllen und zu einem weichen, feinkörnigen Sorbet gefrieren lassen.

Granita di pesca

Pfirsichgranita

600 g Pfirsiche
Saft von 1 Zitrone
160 g Zucker
3/4 l Wasser

Die Pfirsiche kurz in heisses Wasser tauchen. Dann häuten, halbieren und die Steine entfernen. Das Fruchtfleisch zusammen mit dem Zitronensaft im Mixer pürieren. Den Zucker im Wasser auflösen, zu Sirup kochen. Nach dem Auskühlen mit dem Pfirsichmus verrühren. Die Fruchtmasse in die Eismaschine füllen und zu einem weichen, feinkörnigen Sorbet gefrieren lassen.

Granita di mandorla

Mandelgranita

1 l Wasser
150 g geschälte Mandeln
15 g geschälte Bittermandeln
150 g Zucker

Das Wasser kochen, damit es «weich» wird, und abkühlen lassen. Die geschälten Mandeln mit dem Zucker zu einem ganz feinen Brei zermahlen und eventuell durch ein Haarsieb streichen. Mit dem Wasser vermengen, in die Eismaschine füllen und zu einem weichen, feinkörnigen Sorbet gefrieren lassen.

Granita di caffè

Kaffeegranita

180 g Zucker
3/4 l Wasser
5 Tässchen Ristretto (doppelter Espresso)

Den Zucker im Wasser auflösen, zu Sirup kochen und abkühlen lassen. Den Kaffee damit vermischen, in die Eismaschine füllen und zu einem weichen, feinkörnigen Sorbet gefrieren lassen.

Zitronen- und Pfirsichgranita.

Gelo di amarena

Weichselgelee

Fruchtgelee ist der sizilianische Pudding schlechthin. Er wird in spezielle Keramikförmchen gefüllt, die das Gelee schnell abkühlen und es mit dekorativen Mustern prägen. «Ein Gelee», sagt Eleonora, «ist keine Gelatine. Das Bindemittel der Sizilianer ist die Weizenstärke.»

1 kg Weichseln
200 g Zucker (auf 1/2 l Saft)
1/2 l Wasser
70 g Weizenstärke, vermischt mit 40 g Zucker
Mandelmus oder Schlagrahm zum Dekorieren

Aus den Weichseln einen Sirup herstellen: Dafür die Früchte entsteinen, in einen Topf geben und unter Rütteln weich garen. In ein Haarsieb giessen und mit einem Löffel ausdrücken. Den Saft auffangen, mit dem Zucker (200 g auf 1/2 l Saft) zu Sirup kochen und abkühlen lassen. 1/2 Liter Sirup mit der gleichen Menge Wasser vermengen. Die Speisestärke mit dem Zucker vermischen und mit dem Schwingbesen in die Flüssigkeit rühren. Bei mässiger Hitze unter ständigem Rühren zum Sieden bringen und etwas köcheln lassen. Danach den Topf vom Feuer ziehen und noch eine Weile weiterrühren. In eine grosse, kalt ausgespülte Puddingform giessen und mindestens 4 Stunden kühlen. Zum Stürzen die Form kurz in heisses Wasser tauchen. Das Gelee mit weissem Mandelmus oder Schlagrahm verzieren.

Der kulinarische Tipp ❋ Mandelmus gibt es in Sizilien beim Konditor, bei uns in Reformhäusern zu kaufen. Weizenstärke finden Sie in Spezialgeschäften. Wenn Sie Maisstärke nehmen, müssen Sie eventuell anders dosieren.

Weichselgelee.

Pitidda oder Frittelle di miele

Honigküchlein

Bei Eleonora bringen diese Küchlein ihre Kindheit zum Klingen. Zu einer Pyramide aufgeschichtet und mit dem bernsteinfarbenen Honig überzogen, sieht das Gebilde einer «Pièce montée» der französischen Konditoren ähnlich.

500 g Weizenmehl
¼ TL Salz
15 g Hefe
2 TL Zucker
¼ l warmes Wasser
kaltgepresstes Olivenöl
Honig
Zimtpulver

Das Mehl in einem Kranz auf ein Brett sieben und das Salz darüber streuen. Die Hefe und den Zucker in warmem Wasser auflösen, in den Mehlkrater giessen und 5 Esslöffel Olivenöl zufügen. Das Ganze zu einem geschmeidigen Teig kneten. Diesen in eine Schüssel legen und zugedeckt an einem warmen Ort auf das Doppelte aufgehen lassen. In nussgrosse Portionen teilen, zu Bällchen formen und auch diese etwas aufgehen lassen. In einer tiefen Pfanne reichlich Olivenöl erhitzen und die «Pitidda» darin schwimmend ausbacken. Wenn sie rundum golden glänzen, herausnehmen und auf Küchenpapier abtropfen lassen. Pyramidenförmig auf einer Platte anrichten. Etwas Honig im Wasserbad erwärmen und darüber träufeln. Zuletzt mit Zimtpulver bestäuben.

Der kulinarische Tipp ❄ Der Zimtlikör des folgenden Rezepts passt wunderbar zu den «Pitidda».

Liquore di cannella

Zimtlikör

Die Araber tranken zwar keinen Alkohol, aber sie destillierten Pflanzen und Blüten für Arzneien und Parfüms. Den Zimt schätzten sie als verdauungsfördernd.

3 Zimtstengel (ca. 45 g)
550 ml reiner Alkohol (90 %)
¼ l Wasser
250 g Zucker

Den Zimt zerbröseln, in 300 ml Alkohol ansetzen und in eine saubere Flasche mit Bügelverschluss giessen. Verschlossen und an einem kühlen, dunklen Ort 30 Tage ziehen lassen, dabei das Gemisch hin und wieder durchschütteln. In einem Topf das Wasser zum Sieden bringen und den Zucker darin auflösen. Den Zuckersirup etwas abkühlen lassen und danach mit der Zimtessenz vermischen. Den restlichen Alkohol einrühren und die Flüssigkeit abfiltern. Den Likör in saubere Flaschen füllen und an einem dunklen, kühlen Ort noch weitere 3 Wochen ziehen lassen.

Feste wie die Erste Kommunion haben in Sizilien Tradition. Heute ist auch der Dorffotograf wichtig.

Vecchio Palmento Castelbuono

Antonio Mogàvero, vorzeitig pensionierter Mittelschullehrer und passionierter Botaniker, erfüllte sich einen Traum, als er sein ländlich eingerichtetes Restaurant eröffnete. Dass sich dieses in den alten Speichergewölben der Grafen Failla befindet, seiner Verwandten mütterlicherseits, erfahren die Gäste auf neugieriges Fragen. Vor allem seien die Failla Bonvivants gewesen mit Lust am Essen und an Festen, berichtet ihr Nachfahre. Die Küche des «Vecchio Palmento» stützt sich denn auch auf lustvolle Erinnerungen und auf die Traditionen der Madonie im Hinterland von Cefalù. Für die praktische Umsetzung sorgt der Koch Antonio Buonadonna. Die Belieferung mit besten Rohstoffen übernimmt der Patron selber. Er sucht Pilze, Beeren und Wildpflanzen in den Wäldern, züchtet auf seinem Hof Perlhühner und Fasane, pflegt den Wein und die Oliven. Vom Hof seines Cousins Pietro Failla stammen der Käse, der luftgetrocknete Schinken und das Lammfleisch. «Ich habe das Restaurant zu meinem Vergnügen aufgemacht», sagt Antonio Mogàvero, «weil ich mich mit Genuss an die Kindheit erinnere und andere gern daran teilhaben lasse.»

Antipasti misti

Verschiedene Vorspeisen

Ohne Vorspeisenbüffet besteht kein sizilianisches Restaurant. Im «Vecchio Palmento» sind der luftgetrocknete Schinken von halbwilden Schweinen, der handgefertigte Käse der Hirten, das im Holzofen gebackene Brot, die selbst eingelegten Oliven und getrockneten Tomaten ein Schnabuliergenuss für sich. Dem folgen noch weitere kalte und warme Häppchen.

Salvia fritta

Salbeimäuschen

16–20 grosse Salbeiblätter
100 g Weissmehl
1/3 TL Salz
1/8 l kohlensäurehaltiges Mineralwasser
5 g Hefe
2 EL lauwarme Milch
Olivenöl zum Ausbacken

Die Salbeiblätter waschen und trocken tupfen. In einer Schüssel Mehl und Salz vermengen, eine Mulde drücken und etwas Mineralwasser hineingiessen. Mit einer Kelle Wasser und Mehl verrühren, neues Wasser hinzugeben, weiterrühren und so fort, bis ein glatter Teig entsteht. Die Hefe in der lauwarmen Milch auflösen und einrühren. Den Teig 1 Stunde ruhen lassen. Die Salbeiblätter einzeln in den Teig tauchen und im heissen Olivenöl ausbacken. Auf Küchenpapier abtropfen lassen und knusprig servieren.

Peperoncini farciti

Gefüllte Peperoncini

8–12 längliche, dünnwandige Peperoni (Paprika) oder Peperoncini
1 weisse Zwiebel
1 Knoblauchzehe
Olivenöl extra vergine
4 EL Brotbrösel
1 EL geriebener Pecorino
1 TL eingesalzene, gewässerte Kapern
8 grüne entsteinte Oliven
1 EL gehackte Petersilie
1 Ei
Salz und Pfeffer

Die Peperoni auf einer Seite längs aufschlitzen und die Kerne und weissen Scheidewände herauskratzen. Die Zwiebel und den Knoblauch fein hacken, in Olivenöl glasig dünsten und auskühlen lassen. Mit den Brotbröseln, dem Käse, den grob gehackten Kapern und Oliven vermischen. Die Petersilie und das Ei einrühren. Die Füllung mit Salz und Pfeffer abschmecken. Die Schoten füllen und mit der Schnittseite nach oben in eine eingeölte Backform legen. Mit Olivenöl beträufeln und mit Aluminiumfolie abdecken Im 180 °C heissen Ofen rund 40 Minuten garen, dabei nach der Hälfte der Garzeit die Folie entfernen. Lauwarm oder kalt geniessen.

Peperoni arrostiti

Marinierte gegrillte Peperoni

4 fleischige verschiedenfarbige Peperoni (Paprika)
1–2 in Öl eingelegte Sardellenfilets
Pfeffer
2 EL Zitronensaft
4–5 EL Olivenöl extra vergine
5 Minzeblätter

Die Peperoni auf dem Grill – oder im heissen Backofen – rundum braun rösten. Die Haut abziehen, den Stiel, die Kerne und die weissen Scheidewände entfernen. Das Fruchtfleisch in breite Streifen schneiden und auf eine Platte legen. Die Sardellenfilets mit einer Gabel fein zerdrücken und Pfeffer darüber mahlen. Mit Zitronensaft und Olivenöl zu einer Sauce verrühren. Die Peperonistreifen mit der Sauce beträufeln und mit fein geschnittenen Minzeblättern bestreuen. Kalt geniessen.

Der luftgetrocknete Schinken, der frische Filata-Käse, das hausgemachte Brot, die Oliven und getrockneten Tomaten sind nur ein kleiner Teil von den Appetithappen des «Vecchio Palmento».

Il nostro pane

Im Holzofen gebackenes Landbrot

Antonio Mogàvero: «Dieses Brot wird nur im Holzofen richtig gut, weil es für die glänzende knusprige Rinde eine Hitze braucht, die den Teig quasi von innen sprengt. Wir backen immer mehrere grosse Brote aus etwa sechs Kilogramm Hartweizenmehl, und wir machen sie immer mit Sauerteig. Auch das ist wichtig. Zuerst also müssen Sie den Sauerteig mit warmem Wasser anrühren. Dann verteilen Sie das Mehl in einem Kranz auf dem Backtisch. Ein Häufchen Mehl geben Sie in die Mitte und dazu den Sauerteig. Daneben stellen Sie eine Schüssel mit warmem gesalzenem Wasser. Nun beginnt die Arbeit. Sie beginnt immer von der Mitte her: Zuerst wird der Sauerteig mit dem Mehl vermischt. Dann wird neues Mehl vom Rand her eingearbeitet, dann etwas Wasser aus der Schüssel, und dabei immer kneten. Sie nehmen neues Mehl vom Rand hinzu, kneten, und wieder etwas Wasser und wieder kneten und vermischen, bis Sie den Teig im Gefühl haben. Teigmachen ist reine Gefühlssache. Man darf nicht ziehen und nicht reissen. Es braucht einfach Geduld – und ja auch Kraft in den Händen. Sie müssen die Knöchel zu Hilfe nehmen, mit diesen den Teig beklopfen und durchwalken. Wenn er einigermassen nachgibt, können Sie ihn zusammenfalten und mit dem Kneten von vorn anfangen. Es ist eine Arbeit von gut Dreiviertelstunden. Dann teilen Sie ihn in Portionen – bei uns sind es sechs – und wickeln jede locker in ein weisses Baumwolltuch, danach noch in Wolle. Darin lässt man ihn gehen. Er braucht Zeit. Ein richtiger Brotteig braucht immer Zeit. Wenn es soweit ist, wird der Ofen angeheizt, bei uns mit Oliven- und Rebholz. In anderen Gegenden Siziliens, wo alles abgeholzt ist, musste man früher Stroh zur Hilfe nehmen. Und das, sage ich Ihnen, ist mühsam.»

Frittata di asparagi

Spargelomelett

Antonio Mogàvero kennt die Madonie wie seine Hosentasche. Er weiss, wo welche Pflanze wächst, wofür sie gut ist und wie sie am besten schmeckt. Die ersten wilden Spargeln spriessen in den Wäldern im April; für die letzten im Juni muss man Wanderungen ins Gebirge unternehmen.

Für 2 Personen:
200 g wilder Spargel
4 Eier
2 EL geriebener Pecorino
Salz und Pfeffer
2 EL Olivenöl extra vergine

Von den Spargeln die holzigen Enden abschneiden und entfernen. Die zarten Stiele mit den Spitzen in Salzwasser al dente garen, abschütten und gut abtropfen. Die Eier mit Käse, Salz und Pfeffer verquirlen. Das Olivenöl in der Bratpfanne erhitzen. Die Eimasse hineingiessen und die Spargeln darüber streuen. Das Omelett goldbraun backen, wenden und auf der anderen Seite nur stocken lassen. Auf vorgewärmten Tellern anrichten.

Der kulinarische Tipp ❄ Wenn Sie den wilden Spargel ersetzen müssen: Der dünnfingrige grüne Spargel kommt ihm am nächsten.

Tagliatelle agli asparagi

Nudeln mit wilden Spargeln

Der frische Ricotta, der hier mit den Spargeln vermischt wird, hat eine ähnliche Funktion wie Rahm: Er macht die Sauce cremig und schmeichelt dem Gemüse.

Teig:
400 g Hartweizendunst
2 mittelgrosse Eier
50–80 ml warmes Wasser
Hartweizengriess zum Arbeiten

Sauce:
500 g wilder Spargel
1–2 Knoblauchzehen
3 EL Olivenöl extra vergine
2 EL Ricotta
1 EL geriebener Pecorino
Salz

Den Dunst in einem Kranz auf die Arbeitsfläche geben und die aufgeschlagenen Eier in die Mitte schütten. Mit einer Gabel erst die Zutaten in der Mitte zu einem dickflüssigen Teig verrühren. Dann stetig neuen Dunst einarbeiten, bis die Masse zusammenhält. Bei Bedarf ein wenig Wasser zugeben. Das Ganze in etwa 30 Minuten zu einem festen, doch elastischen Teig kneten, zur Kugel formen und in Frischhaltefolie wickeln. Im Kühlschrank 2 Stunden ruhen lassen. Anschliessend zu dünnen Teigbahnen ausrollen, diese aufhängen und etwas antrocknen lassen.

Die Arbeitsfläche mit Hartweizengriess bestreuen. Die Teigbahnen darauf legen, locker aufrollen und quer in 1 cm breite Streifen schneiden.

Von den Spargeln die holzigen Enden entfernen. Die zarten Stiele mit den Köpfen in Salzwasser blanchieren, herausnehmen und in 3 cm lange Stücke schneiden. Das Kochwasser aufbewahren. Den Knoblauch fein hacken und im Olivenöl anziehen lassen, die Spargelstücke zufügen und mitdünsten. Mit einer Tasse Spargelwasser ablöschen. – Den Rest Spargelwasser zum Nudelkochen verwenden. – Den Ricotta unter die Spargeln mengen und die Sauce abschmecken.

Die gegarten, gut abgetropften Nudeln in die Sauce geben und mit dem Pecorino bestreuen. Gut vermischen und auf vorgewärmte Teller anrichten.

Der kulinarische Tipp ❄ Die Nudeln sind Spitzenqualität, wenn Sie sich für den Teig Zeit nehmen und mit so wenig Wasser wie möglich arbeiten. Mit Hilfe der Küchenmaschine ist die Arbeit einfacher. Stellen Sie aber den Motor auf die niedrigste Stufe und kneten Sie den Teig ruhig bis zu 20 Minuten.

Nudeln mit wilden Spargeln.

Creste di gallo al ragù di castrato

Röhrennudeln mit Lammfleisch-Tomatensauce

Die rustikale Form der Röhrennudeln passt genau zu diesem Ragout, das in der Küche des «Vecchio Palmento» den ganzen Morgen schmurgelt, bevor es mittags serviert wird. Das Fleisch müsse im Mund zergehen, sagt der Patron.

500 g Röhrennudeln wie Creste di gallo oder
Penne rigate
500 g mageres Lammfleisch
1 Zwiebel
2 Knoblauchzehen
2 EL Olivenöl
2 frische Lorbeerblätter
1 Zweig Rosmarin
Salz und Pfeffer
Muskatnuss
400 ml Tomatensauce
geriebener Pecorino und frisches Basilikum
zum Anrichten

Röhrennudeln mit Lammfleisch-Tomatensauce.

Das Lammfleisch von allem Fett befreien und klein würfeln. Die Zwiebel und den Knoblauch fein hacken. Die Fleischwürfel zusammen mit der fein gehackten Zwiebel und dem Knoblauch im heissen Olivenöl anbraten. Lorbeer und Rosmarin zufügen, salzen und würzen. Die Tomatensauce einrühren. Zugedeckt 2–3 Stunden auf kleiner Flamme schmoren, bis das Fleisch «im Munde zergeht». Die Sauce abschmecken.
Die Pasta in sprudelndem Salzwasser al dente kochen, gut abtropfen lassen und mit der Sauce vermischen. Auf vorgewärmten Tellern anrichten und mit geriebenem Pecorino und in Streifen geschnittenem Basilikum bestreuen.

Tomatensauce:
800 g vollreife Tomaten
1 Zwiebel
1 Karotte
etwas Petersilie (nur die Stiele)
etwas Basilikum

Die Tomaten würfeln, die Zwiebel und Karotte fein schneiden. Alles zusammen mit den Kräutern in einen Topf geben und unter Rühren aufkochen. Etwa 1 Stunde auf kleinster Flamme kochen lassen und anschliessend passieren.

Hirten mit ihren Schafen sind ein vertrautes Bild des Landesinnern.

Pomodorini, die kleinen, hellroten Tomaten, haben ein Aroma, wie man es in keiner anderen Tomate findet. Nach der Ernte werden sie zu Trauben oder Kränzen zusammengebunden und aufgehängt. Auf diese Art halten sie sich über Wochen.

Zuppa di funghi

Pilzsuppe

Allein vom Steinpilz gebe es zwölf verschiedene Arten, erzählt Antonio Mogàvero. Aber auch andere Pilze würden in den Madonie gut gedeihen. Sogar weisse Trüffel!

400 g gemischte frische Waldpilze
10 g getrocknete Steinpilze
1 Zwiebel
1 Knoblauchzehe
2 EL Olivenöl extra vergine
1 Zweig Thymian oder Bohnenkraut
1/2 EL gehackte Petersilie
2 Tomaten, fein gewürfelt
2 EL frische Borlottibohnen, vorblanchiert
2 Kartoffeln, fein gewürfelt
1 1/4 l Gemüsebrühe
Salz und Pfeffer

Märkte sind in Sizilien ein Spektakel der Sinne, Hier in Catania.

Die Pilze putzen und in Scheiben oder grobe Stücke schneiden. Die Zwiebel und den Knoblauch fein hacken und im heissen Olivenöl anziehen lassen. Die Pilze dazugeben und unter Rühren braten. Die Kräuter und Tomatenwürfel zufügen und mit den Pilzen vermengen, anschliessend die Bohnen und die Kartoffeln und alles kurz dünsten. Mit einer leichten Gemüsebrühe ablöschen und auf kleiner Flamme etwa 30 Minuten kochen lassen oder bis das Gemüse weich ist. Die Suppe abschmecken und servieren.

Der kulinarische Tipp ❋ Frische Borlottibohnen gibt es auf hiesigen Gemüsemärkten etwa von Juli bis Oktober. Wenn Sie auf getrocknete Bohnen ausweichen müssen, sollten Sie diese vorher 10 Stunden einweichen.

La Grillata

Fleisch vom Grill

Antonio Mogàvero: «Für unsere Grillata gibt es kein Rezept, sondern nur eine Voraussetzung: allerbeste Rohstoffe. In diesem Fall ist es das Fleisch. Zwischen Industriefleisch und dem unseren liegen Welten. Alle unsere Tiere leben im Freien, im Wald und auf den Wiesen: Die Schweine, aus denen wir die Salsiccia machen, und die Castrati für die Koteletts. Die Castrati sind sechs- bis siebenmonatige Hammellämmer, also bereits etwas ältere männliche Lämmer, deren Fleisch mehr Aroma hat. Damit sie nicht böckeln, werden sie kastriert. Von Schweinen gibt es zwei Arten. Ich halte welche auf meinem Hof, aber immer draussen und in Bewegung. Dann gibt es die halbwilden meines Cousins, die in den Wäldern leben, Eicheln und Pilze fressen. Das sind die besten. Ein Schinken von diesen Tieren ist der absolute Traum. Für so eine Grillata braucht man ausser Salz und Pfeffer keine anderen Gewürze. Sale, pepe, basta. Mit Marinaden und Gewürzen würde man das feine Aroma nur zudecken.»

Cosciotto d'agnello con patate al forno

Im Ofen gebratene Lammkeule mit Kartoffeln

Castelbuono ist der Hauptort der Madonie, eines karstigen Gebirgszugs im Hinterland von Cefalù. Schafe und Ziegen prägen hier die Weidewirtschaft, und von solchen Weiden stammt denn auch das Lamm für diesen Braten.

1 kg entbeinte Lammkeule
Salz und Pfeffer
3–4 Knoblauchzehen
1 weisse Zwiebel
1 Zweig Rosmarin
6 Salbeiblätter
1 Zweig Thymian
1/2 Bund Petersilie
Olivenöl
800 g Kartoffeln

Die entbeinte Lammkeule mit Salz und Pfeffer einreiben. Den Knoblauch, die Zwiebel und alle Kräuter fein hacken, miteinander vermengen und auf die Innenseite der Keule streichen. Das Fleisch zusammenrollen und binden. In einen grossen, eingeölten Bräter legen und in den 250 °C heissen Ofen schieben. Nach 20 Minuten die Hitze auf 180 °C reduzieren und die Keule mit 2 Esslöffel Olivenöl übergiessen. Die Kartoffeln schälen, grob würfeln und zum Fleisch in den Ofen geben. Eine knappe Stunde weiterbraten, dabei das Fleisch mit dem austretenden Bratensaft fleissig befeuchten und die Kartoffeln immer wieder wenden.

Der kulinarische Tipp ❋ Wählen Sie beim Kauf einheimisches, frisches Lammfleisch. Ideal ist ein Herbstlamm, weil es vom Weiden kräftiger ist.

Im Ofen gebratene Lammkeule mit Kartoffeln.

Testa di turco

Mohrenkopf

Im Krieg der «Mohren» gegen die Christen (oder umgekehrt) gab es in den Madonien eine entscheidende Schlacht: 20 000 Sarazenen gegen 1000 Normannen. Natürlich haben die Mohren verloren, was in Castelbuono mit dieser Spezialität gefeiert wird.

150 g Mehl
2 Eier
1 1/2 EL Zucker
Öl zum Frittieren
Zimt- oder Schokoladepulver zum Bestäuben
bunte Zuckerkügelchen zum Garnieren

Crema di latte:
70 g Weizenstärke
200 g Zucker
1 l Vollmilch
abgeriebene Schale von 1 Zitrone

Für den Teig das Mehl im Kranz in eine Schüssel sieben. Die Eier mit dem Zucker schaumig rühren, in die Mitte zum Mehl geben und alle Zutaten gut vermengen. Den Teig 30 Minuten ruhen lassen, dann in 3 Portionen teilen und jede dünn ausrollen. In einer Pfanne in reichlich heissem Öl ausbacken und auf Küchenpapier entfetten.
Für die Creme die Weizenstärke mit dem Zucker vermischen. In die kalte Milch quirlen, damit es keine Klümpchen gibt. Die abgeriebene Zitronenschale dazugeben. Unter stetigem Rühren aufkochen und sachte weiterköcheln, bis eine sämige Creme entsteht. Kalt stellen.

Das erste gebackene Teigblatt dick mit der Creme bestreichen, das zweite Teigblatt darüber legen und ebenfalls mit Creme bestreichen. Mit dem dritten Teigblatt bedecken. Zimt- oder Schokoladepulver darüber stäuben und nach Belieben mit bunten Zuckerkügelchen bestreuen.

Der kulinarische Tipp ❄ «Crema di latte» ist eine klassische Creme des Südens. Für den Mohrenkopf kann man sie nach eigenem Belieben aromatisieren: etwa mit Ristretto (einem doppelten Espresso) oder mit gehackten karamelisierten Nüssen (Krokant).

Das Kunsthotel Atelier sul Mare in Castel di Tusa wurde von Antonio Presti als Protest «gegen das Hässliche» errichtet. Und tatsächlich, kontrastreicher könnten dieses Haus und seine Umgebung nicht sein. Traumhaft schön ist die stille, weite Bucht, die auch als Lichtgestalterin in den Räumen mitspielt. Rund zwanzig Zimmer liess der Hotelier von zeitgenössischen Künstlern nach einem Thema gestalten. Wie «Mistero per la luna» von Hidetoshi Nagasawa oder «La torre di Sigismondo» von Raoul Ruiz. Wer nicht gerade in der Hochsaison reist, kann sich sein Zimmer aussuchen und danach jede Nacht in einem anderen verbringen. Nie konventionell. Immer eindrücklich. Seltsam. Und mit einem neuen Blick für die Eindrücke aus der Umgebung, mit ihrer verfahrenen Bauspekulation, dem Zerfall.

Der Käse der Hirten

Es ist noch früher Morgen, wenn die letzte Ziege zum Melken ansteht. «Anstehen» ist übertrieben, naschen doch die Tiere links und rechts, folgen ihrer Ziegennase bis in die entferntesten Spitzen eines Strauchs, und gäbe es nicht die Pfiffe des Hirten, würde das Melken noch lange dauern. Unter dem mit Binsen geschützten Vordach prasselt ein Feuer. Aus der Hütte raucht es. Giuseppe, der zweite Hirte, beugt sich über den Kessel und rührt in gestockter Milch. Später leert er sie in hochwandige Körbe, die auch dem Käse den Namen geben: «Canestrato». Eine blasse Flüssigkeit rinnt aus dem Geflecht in einen Behälter. Es ist die Molke. Der Hirt giesst sie in einen Kessel, zieht ihn über das Feuer und legt erneut Holz nach. Bevor die Molke siedet, fügt er einen Strahl frischer Milch dazu und einen Tropfen Weinsäure zum Gerinnen. Auf diese ureinfache Art, gestützt auf älteste Bauerntradition, entsteht der Ricotta. Ein Ricotta so samtig weich und duftend, wie ihn keine Industrie fertig bringt. Im Sommer, wenn er schnell sauer wird, reiben ihn die Hirten mit Meersalz ein und legen ihn zum Lufttrocknen auf Gestelle. Diese Prozedur ergibt natürlich einen anderen Ricotta, nicht den mit der schmeichlerischen Mundfülle, die man an der sizilianischen Cassata und anderen süssen Schwelgereien so liebt. Es ist eine bröselige salzige Würze, die vielen Pasta- und Gemüsegerichten einen ureigenen bäuerlichen Charakter gibt.

Die drei Hirten Vincenzo, Giuseppe und Domenico käsen für Pietro Failla, Antonio Mogàveros Cousin. Seine Azienda liegt eingebettet in der wilden Karstlandschaft der Madonie, wo Stechpalmen- und Eichenwälder das Bild prägen. In diesen Wäldern tummeln sich die halbwilden Schweine, deren Schinken eine rare Delikatesse abgibt. Auch Mutterkühe mit ihren Kälbern spazieren dort herum. Die Ziegen und Schafe werden von den Hunden zum Melken eingetrieben. Das Handwerk, wie es die Hirten hier noch ausüben, hat zwar eine in Sizilien verwurzelte, aber verschwindende Tradition. Der zylinderförmige Käse aus den Binsenkörben erreicht die Stadtmärkte immer seltener, denn die europäischen Bestimmungen über Hygiene und

Die fertigen Caciocavallo-Käse werden zum Reifen an die Holzbalken gehängt. Frisch schmecken sie wie Mozzarella und bekommen nach etwa drei Wochen eine pikante Würze.

Herstellung beginnen auch im Süden zu greifen. Besonders davon betroffen sind der frische handgeschöpfte Ricotta und der Caciocavallo, ein Verwandter des Mozzarella. Wie dieser ist er ein sogenannter Filata-Käse – das heisst ein «Käse vom Strang» – und wird heute grösstenteils industriell hergestellt. Eine Ausnahme ist noch der «Ragusano», wie er in den kleinen, privaten Molkereien um Ragusa produziert wird, und der Caciocavallo unserer Hirten. Vincenzo nimmt dafür einen Laib Kuhmilchkäse vom Vortag und schnippelt ihn in Streifen. In einem Kessel überbrüht er diese mit heissem Wasser, walkt und knetet sie dann zu einem Teig. Wenn ihm die Masse elastisch genug scheint, drückt er alles Wasser aus ihr heraus und formt Kugeln, die er in Form von Flaschenkürbissen zusammenbindet. Diese legt er vierundzwanzig Stunden in ein Salzbad und hängt sie schliesslich zum Reifen an Holzbalken. Frisch ähnelt so ein Caciocavallo durchaus einem Mozzarella oder einem Fior di latte. Durch das Reifen von zwei bis drei Wochen bekommt er mehr Würze. So lieben ihn die Sizilianer als Antipasto oder sie bereiten daraus «Caciu all' argintera», eine Art Raclette aus der Bratpfanne.

Im Sommer wird hauptsächlich «Ricotta salata» gemacht: Dafür gibt man den frischen Ricotta in röhrenförmige Gefässe (ganz oben) und reibt ihn nach dem Abtropfen mit Meersalz ein. Danach kommt er auf Holzgestelle zum Lufttrocknen.

Bevor der Ricotta in die Formen geschöpft wird, macht der Hirt die Gerinnprobe mit der Kelle. So ein Ricotta, gestützt auf älteste Hirtentradition, schmeckt samtig weich, wie ihn keine Industrie fertig bringt.

Der Hirt formt die Filata-Käsemasse wie einen Teig, hier in der Form von Flaschenkürbissen, die er dann mit einer Schnur zusammenbindet, in ein Salzbad legt und wie im Bild auf der gegenüberliegenden Seite schliesslich aufhängt.

Demeter über alles

Nach einer der vielen Sagen über Demeter wurde ihre Tochter Persephone am Lago di Pergusa bei Enna entführt. Der Entführer war Hades, der Gott der Unterwelt. Er verschwand mit seinem Opfer bei Syrakus dort, wo noch immer die Quelle Ciane sprudelt. Das Verbrechen stürzte die Göttin in eine derartige Verzweiflung, dass die Erde unfruchtbar wurde. Erst nachdem Zeus sich mit Hades geeinigt hatte, dass Persephone zwei Drittel des Jahres bei ihrer Mutter und ein Drittel bei ihrem Entführer verbringen sollte, kehrte das Leben zurück. Seither blüht und gedeiht die Erde im Rhythmus von Frühjahr und Sommer, und im Winter ruht sie.

Nach Demeter nennt sich auch ein internationaler Verband von Bauern, die nach biologisch-dynamischen Methoden wirtschaften. Diese gehen auf den Begründer der Anthroposophie, Dr. Rudolf Steiner, zurück. Sie gelten im Vergleich mit anderen Bio-Richtlinien als die konsequentesten. Weltweit zählt der Verband mehrere tausend ihm angeschlossene Betriebe. Einer davon ist die Kooperative Salamita in Sizilien, die über hundert Bauern vereinigt. Sie wurde 1972 von den Brüdern Salamita gegründet. «Wir verbrachten unsere Jugend auf einem Hof, wo die Chemie unbekannt war. Es gab dort viele Bäume, Vögel, Libellen und Schlangen, und man arbeitete nicht mit Maschinen, sondern mit den Händen. Das hat uns für immer geprägt», erzählt Francesco Salamita. Der Agraringenieur ist der landwirtschaftliche Berater der Kooperative und die Bauern reden ihn mit «Dottore» an.

Im Büro, zwischen Papiertürmen und dem Dudeln des Telefons, wirkt der Mann herrisch und ungeduldig. Erst draussen, stapfend unter Maulbeerbäumen, besänftigt er sich. Sie, die Salamita, seien die ersten Biobauern auf Sizilien gewesen. Heute hätten Wörter wie «Natur» einen neuen Wert bekommen und Landarbeit gelte wieder etwas. So bekäme die Kooperative zunehmend Aufnahmeanträge. Bevor jedoch ein Bauer Mitglied wird, gibt es lange Vorabklärungen und Bodenanalysen. Auch die Kooperative steht unter ständiger Kontrolle einer internationalen Kommission. «Das Prinzip von Demeter, die Natur als Natur zu belassen, ist nicht so leicht einzuhalten. Es braucht die Überzeugung, dass Lebensqualität und Lebensmittelqualität eines sind», lehrt der Dottore.

Auch in der Architektur der Zentrale drückt die anthroposophische Gesinnung durch. Das Gebäude steht mitten in der fruchtbaren, aber auch wild verbauten Küstenebene zwischen Milazzo und Castroreale. Siziliens Naturschönheiten liegen dahinter im Landesinnern. Die Höfe der Verbandsmitglieder sind weit über die Insel verstreut. Gemäss ihrem Anbauvertrag mit der Kooperative liefern sie dieser Zitrusfrüchte, Gemüse, Getreide, Oliven, Mandeln, Honig und anderes. In der riesigen Speditionshalle geht es selber wie im Bienenhaus zu. Die frische Ware wird sortiert, falls nötig gewaschen und trocken geföhnt und in Spankisten verpackt. Ausser der Waschanlage, den Förderbändern und den Staplern ist hier alles Handarbeit: So ist Salamita auch eine wichtige Arbeitgeberin.

Gegen Abend fährt ein riesiger Lastwagen in den Hof. Concetta Salamita, «la mamma» der Kooperative, stürmt mit den Ausfuhrdokumenten aus dem Büro. Die Ladung muss vor der Abfahrt in Messina noch vom Aussenhandelsamt kontrolliert werden. Man benötigt zudem die Papiere für den Zoll und Kopien von jedem Papier; es ist halt ein richtiger Papierkrieg. Aber wenn alles gut geht, werden die Kistchen mit dem Aufdruck «Salamita» am übernächsten Tag in den Geschäften von Zürich oder Frankfurt stehen.

Francesco und Concetta Salamita (rechts) sind Kopf und Seele der Kooperative Salamita. Der nach Demeter-Richtlinien geführte Betrieb vereinigt über hundert sizilianische Bauernhöfe.

Die Pellegrino gehören zu den ersten Mitgliedern der Kooperative. Bei Problemen mit Schädlingen lassen sie sich von Francesco Salamita beraten.

Nicht nur frisches Obst und Gemüse, sondern auch Olivenöl, Teigwaren, Honig u. a. schickt die Kooperative zu uns in den Norden.

Heiliges Feuer und der Geist in der Flasche

Giovanni La Fauci redet mit den Händen: von den Hefepilzen auf den Fruchthäuten und ihrer bestimmenden Macht. Er nimmt die Füsse zu Hilfe, springt mit einem Satz auf das Mäuerchen, das den Obstgarten schützt. Von den Bäumen leuchten die Aprikosen, flaumige Winzlinge, deren Bäckchen sich röten. Er steckt sich eine in den Mund, kaut versunken, pflückt eine Handvoll und streckt sie uns entgegen, erwartungsvoll.

Der Destillateur brennt vor Leidenschaft für seine Arbeit, die er untertrieben «mein Hobby» nennt. Den Wohlstand verschafft ihm das Baugeschäft auf der Landzunge von Messina, dort wo flirrende Natur und sinnloser Beton dicht nebeneinander liegen. Die Lust am Experimentieren mit der Brennblase packte ihn, als er für den Alkoholgenuss noch viel zu jung war. «Al-kuhl», singt er in arabischer Tonart, um auf die alten Lehrmeister im Süden anzuspielen. Seine Brennerei ist gespickt mit Erfahrungen: Jedes Stück, ob Destilliersäule oder Tropfkolben, hat er für seine Bedürfnisse umkonstruiert. Hier am untersten Zipfel Europas müsse man basteln können. Immer fehle etwas, «und wenn Sie sich dabei auf den Norden verlassen, kommt es teuer», sagt er.

Viele berühmte Weingüter lassen ihre Grappa in der Distilleria Giovi brennen. Giovanni La Fauci (hier mit seiner Schwester Enza) übt diese Kunst auf höchstem Niveau aus.

Destillateure - man nannte sie früher Schnapsbrenner - sind im Grunde genommen Alchimisten, von denen es einst hiess, sie stünden mit dem Teufel im Bund. Ein Teufel muss La Fauci reiten, dass er sich mit den Hefepilzen auf den Aprikosen herumschlägt, nur weil ihm die natürliche Wildgärung so wichtig ist. Doch solcher Saft, und letztlich der Schnaps, hat ein anderes Aroma. Die winzigen Kirschen und eine alte Sorte von Büschelbirnen holt er sich extra von den obersten Hängen des Ätna. Auf solcher Höhe sind die Wärmeunterschiede sehr ausgeprägt. Und derlei Unterschiede, davon ist er überzeugt, geben jeder Frucht ihren besonderen Charakter.

Wer nach La Faucis Brennerei fragt, findet sie zwischen Türmen von Bauziegeln, seinem Geschäft oder «bisness», wie er sagt. Den Wechsel vom einstigen Hobbylabor zur nahmhaften Distilleria bezeichnet er selber als Baustein. Vor Jahren, als die Grappamode des Nordens auch ihn, den Südländer, packte, suchte er nach Trester. Natürlich dem besten, der nur nach Trauben und nichts anderem riecht. So wurde er mit Carlo Hauner, dem geistigen Vater des Malvasia di Lipari, bekannt. Und er lernte andere Berühmtheiten kennen und wurde selber so berühmt, dass eigentlich alle renommierten Weingüter heute bei ihm anstehen, um ihre Grappa von ihm brennen zu lassen.

Aber der Brennmeister ist wählerisch, und zwar mit Recht. Bezeichnet er doch seine Nase als sein einziges Kontrollinstrument. Wenn eine ganze Wagenladung Trester bei ihm ankomme, sei das schön viel Arbeit. Er beschnüffelt Schicht um Schicht, von oben bis unten, um sicher zu sein, dass es nirgendwo falsche Bakterien gibt. Danach erst kommt die Kunst des Brennens: Mit viel Gefühl, langsam und sacht, damit die Aromamoleküle nicht vorzeitig verfliegen. «Wenn jemand an etwas Vergnügen hat und das Glück, das Vergnügen mit der Arbeit zu verbinden, wird er alles daran setzen, dass die Arbeit gut wird», meint er. Ohne dabei ans «bisness» zu denken? – Der geschäftliche Teil ist die Angelegenheit seiner Schwester. Ganz im Sinne einer Familie.

Die heilige Agathe, ein Elefant aus der Asche und Theater auf dem Fischmarkt

In gefühlvollen Momenten fallen die Catanesi in ihren Dialekt. Und für den kleinen schwarzen Elefanten, dem Symbol der Klugheit und der Stärke, hegen sie Gefühle. «U Liotru» nennen sie dieses Wahrzeichen, das bereits vor dem apokalyptischen Beben von 1693 auf seinem Platz stand und von Giovan Battista Vaccarini zum symbolträchtigen Brunnen gestaltet wurde. «U Liotru» bezieht sich auf den mythischen Zauberer Heliodoros, der mit seinen Künsten den heiligen Bischof Leo Taumaturgos herausforderte, bis dieser ihn in ein Feuer lockte, das ihn verbrannte.

Der grosse Ausbruch des Ätna, der mit seiner Lava 1669 bis zum Kastell Ursino vordrang, war ein Vorgeschmack auf die Katastrophe vierundzwanzig Jahre später: Jenes Erdbeben legte Catania in Schutt und Asche. So gesehen, beginnt die Stadt mit ihrem Ende. Charakteristisch sind die breiten, wie mit dem Lineal gezogenen Strassen – etwa die Via Etnea, die sich vom Domplatz mit dem Elefantenbrunnen in schnurgerade Ewigkeit verliert. Die breite Schneise wurde aus Vorsicht gelegt. Schickt doch der Ätna noch immer seine treuen Grüsse. Auch der schwarze Lavastein an den Barockpalästen und Kirchen mahnt an den Feuerberg. Als Kontrast haben ihn die Architekten mit dekorativem, weissem Kalkstein kombiniert. Dass beide Farben heute grau in grau ineinanderfliessen, ist eine andere Sache. Catania ist schliesslich eine sehr italienische Stadt, und ihr Ruf im Hinblick auf den Autoverkehr ist dem von Palermo ebenbürtig.

Man muss sich treiben lassen, um diese Stadt zu entdecken. Bei Savini ein Eis schlecken, um ein Gefühl für die Bourgoisie zu bekommen, die in Catanias Geschichte eine Rolle spielte, wie sie es in Palermo nie tat. Nicht umsonst träumte man hier noch in diesem Jahrhundert davon, das «Mailand des Südens» zu werden. Das Teatro Bellini nimmt es auf jeden Fall mit den Musiktheatern des Nordens auf. Seine Akustik wie seine Schönheit gelten als einzigartig. Vincenzo Bellini ist ein gefeierter Sohn der Stadt. Ihm und seiner Oper «Norma», mit der das Theater eröffnet wurde, begegnet man in Monumenten und Souvenirs. «Norma» kam auch zu kulinarischen Ehren: berühmt als Pasta mit gebratenen Auberginen.

Der Höhepunkt in Catanias Festkalender sind die ersten Tage im Februar, wenn Sant'Agata gefeiert wird. Drei Tage und drei Nächte dauert das religiös-folkloristische Spektakel.

«U liotru», der schwarze Elefant, ist Catanias Wahrzeichen. Nach dem grossen Erdbeben von 1693 wurde er von Giovan Battista Vaccarini in den Brunnen am Domplatz integriert.

Catanias Volkstheater hingegen findet anderswo statt. Jeden Vormittag drängeln sich Frauen mit Einkaufstaschen, Männer im Jackett und hemdsärmlige, schlurfende Arbeitslose oder hastige Beschäftigte auf dem Fischmarkt hinter dem Domplatz, der Pescheria. Die Händler schreien, noch heiser von den Vortagen, «rizzi belli, haju rizzi!» – schönste und beste Seeigel! Und es ist doch erst zehn. Wer Glück hat, erobert sich zu Mittag einen Platz in einer der wenigen Trattorien, nicht um à la carte zu speisen, sondern die Gabel in einen Berg dampfender Maccheroni zu senken, sich in die Gräten der Sardine zu vertiefen und dem Wein aus der Karaffe Gedanken nachzuschicken.

Catanias Herz aber, sagen die Catanesi, schlägt am stärksten im Februar, wenn Sant'Agata gefeiert wird. Das Fest dauert drei Tage und Nächte und wechselt von religiösen Prozessionen zu folkloristischen Umzügen mit Feuerwerk und Tänzen. Über den Strassen spannt sich ein Baldachin aus Girlanden und Lämpchen. Der Höhepunkt ist, wenn die Reliquien der Stadtheiligen unter dem Geläut der Glocken und dem Donner von Böllerschüssen aus der Kathedrale getragen werden und Hunderte von Luftballons zusammen mit erschreckten Tauben gegen den Himmel fliegen. Über Sant'Agata gibt es viele Legenden: Eine berichtet von einem wundersamen Olivenbaum. Die Oliven, die es heute zu Ehren der Heiligen zu geniessen gibt, sind eine Spezialität von Catania. Sie sind aus verführerischem, süssem Marzipan.

Morgens drängen sich die Catanesi auf dem Fischmarkt, der Pescheria, hinter dem Domplatz.

Siziliens ganze Fülle an Meeresfrüchten wird feilgeboten. Frisch aufgeschnittene Seeigel gelten als Delikatesse – und auch als Aphrodisiakum.

Ristorante Filippino Lipari, Isole Eolie

Nonno Filippo, der diese Institution begründete, zählt hier noch immer als Gütesigel, so als bestünden all die Auszeichnungen nicht, die die Brüder Lucio und Antonio Bernardi (der eine in der Küche, der andere an der Front) erhielten. Sie fahren selbstbewusst in seiner Tradition fort und werden assistiert von einem ihrer Söhne, der nicht nur zufällig nach dem Nonno getauft wurde. Trotz seiner Popularität ist das Restaurant ein Magnet für Geniesser geblieben. Wo sonst gibt es diese konsequente Wertschätzung einheimischer Produkte? Diese sichere Hand zwischen Überlieferung und Erneuerungslust? «Die Suche nach dem Charakteristischen, das unsere Esskultur auszeichnet, hat mich immer vorangetrieben. Das fängt bei den Lebensmitteln an. Sie sind der Stoff, aus dem eine Küche besteht. Auf Lipari sind es das Olivenöl, die Kräuter und das Gemüse, der Käse und der Fisch. Alles ist von hier – von diesen Inseln und vom Meer, das sie umspült. Ich koche wahrscheinlich ‹moderner› als der Nonno und richte anders an, aber die Küche ist im Kern dieselbe geblieben», sagt der Maestro und drückt die Kochhaube herausfordernd in die Stirn. Ja wahrlich, wenn dieser grosse Chef nach klassischer Schule die Gäste begrüsst, ist die Welt stets von neuem in Ordnung.

Caponata all'antica

Süss-saures Gemüse

Die süss-saure Caponata scheint sehr arabisch und ist doch sehr sizilianisch. Je nach Jahreszeit und der Zusammensetzung der Gemüse oder der Vorliebe für ein Gewürz schmeckt sie von Mal zu Mal anders. Hier auf Lipari geben die Kapern den Ausschlag. Vielleicht auch der Essig. Wie fast alles bei «Filippino» ist er hausgemacht.

400 g Auberginen, möglichst eine hellfarbene, kugelige Sorte
200 g Staudensellerie, in Würfel geschnitten
125 g Zwiebeln, grob zerschnitten
200 g reife Tomaten, entkernt und fein gewürfelt
200 g entsteinte grüne Oliven
80 g Kapern, gewässert
8 grosse Basilikumblätter, grob geschnitten
50 g Pinienkerne
3–4 EL guter Weinessig
40 g Zucker
Salz
kaltgepresstes Olivenöl
Basilikum zum Garnieren

Die Auberginen grob würfeln, in ein Abtropfsieb geben und mit Salz bestreuen, um ihnen den bitteren Saft zu entziehen. 1 Stunde stehen lassen, dann mit Küchenpapier trocken tupfen. Den Sellerie in Salzwasser blanchieren, abtropfen lassen, in Olivenöl andünsten und bereithalten. Auch die Zwiebeln goldbraun dünsten. Die Tomaten zufügen, danach die Oliven, die Kapern, das Basilikum und die Pinienkerne. Unter gelegentlichem Umrühren 30 Minuten schmoren.
Unterdessen die Auberginen in reichlich Olivenöl anbraten und auf Küchenpapier entfetten. Mit dem Sellerie zum Tomatengemüse geben. Mit Essig und Zucker abschmecken und noch 5 Minuten weiterschmurgeln. Abkühlen lassen und mit Basilikum garnieren.

Der kulinarische Tipp ❋ Statt der Auberginen und Tomaten nehmen Sie Artischocken, und Sie haben eine andere Caponata, die auch eine andere Jahreszeit ausdrückt.

Insalata di arance, limoni e pesce spada affumicato

Kalte Vorspeise von geräuchertem Schwertfisch, Kapern und Zitrusfrüchten

Auf den Liparischen Inseln werden eingelegte Sardellen, getrocknete Tomaten, Oliven und Kapern zu einem unkomplizierten Schnabulierteller kombiniert. Dieser Salat mit Zitrusfrüchten ist davon eine Variante.

12 dünne Scheiben geräucherter Schwertfisch
2 EL Kapern, gewässert
12 geschälte Mandeln, blättrig geschnitten
2 EL Balsamessig
4 EL Olivenöl extra vergine
3 Basilikumblätter
3 Minzeblätter
ein wenig scharfer Peperoncino
Salz
1 Orange
1 Zitrone
Kapernäpfel zum Garnieren

Die Fischscheiben ausbreiten, mit Mandeln und Kapern bestreuen und locker aufrollen. Balsamessig, Olivenöl, fein gehackte Basilikum- und Minzeblätter sowie Peperoncino und Salz zu einer Sauce verrühren. Über die Fischröllchen giessen und diese im Kühlschrank 30 Minuten durchziehen lassen.
Die Zitrusfrüchte mit einem scharfen Messer bis auf das Fruchtfleisch schälen und filetieren. Die Schnitze mit den Fischröllchen dekorativ auf Tellern anrichten und nach Lust und Laune mit Kapernäpfeln garnieren.

Der kulinarische Tipp ❋ Sizilianische Kapern sind immer mit Salz – statt Essig – konserviert (siehe Seite 60). Eingesalzene Kapern finden Sie in guten Spezialitätenläden und Reformhäusern.

Cupoletta di pesce spada

Schwertfisch im Näpfchen

Der Schwertfisch ist der König von Messina und der umliegenden Küsten. Anders als der Thunfisch, der in Schwärmen unterwegs ist, gehört dieser Koloss mit dem schwertähnlichen Oberkiefer zu den Einzelgängern. Die Jagd auf ihn war früher ein Ritual, bei dem sich die Fischer in ihren kleinen Booten durch Gesänge Mut machten. Heute sind die Fangboote grösser und die Fische seltener.

Für 8 Personen:
500 g Schwertfisch
2 Eiweiss
Salz und Pfeffer aus der Mühle
1/4 l Doppelrahm
1 EL fein zerschnittenes Basilikum
8 kleine Scheiben geräucherter Schwertfisch
Butter für die Förmchen

Den frischen Schwertfisch pürieren und kühl stellen. Die Eiweiss steif schlagen und löffelweise unter das Püree ziehen. Salzen und pfeffern. Nach und nach den eiskalten Rahm unterheben und schliesslich das Basilikum. Kleine Förmchen ausbuttern. Den Boden der Förmchen mit je einer kleinen Scheibe Fisch auslegen und die Masse einfüllen.
Im Wasserbad im 130 °C heissen Ofen etwa 40 Minuten garen. Vor dem Stürzen mit einem Messer am Innenrand der Förmchen vorsichtig entlangfahren, um die Mousse zu lösen. Lauwarm servieren und nach Belieben mit Basilikum oder Zitronenscheiben garnieren.

Der kulinarische Tipp ❄ Damit Ihnen die Fischmousse gut gelingt, müssen die Zutaten sehr kalt sein. Stellen Sie die Schüssel, mit der Sie arbeiten, noch zusätzlich auf Eiswürfel.

Involtini di tonno affumicato e ricotta fresca

Röllchen von geräuchertem Thunfisch mit frischem Ricotta

«Involtini» sind ein sizilianisches Thema mit unzähligen Varianten. Es gibt sie aus Gemüse, Fisch und Fleisch, und die Füllung setzt der Fantasie keine Grenzen. Der Ricotta macht den geräucherten Tonno sehr elegant.

12 dünne Scheiben geräucherter Thunfisch
150 g frischer Ricotta
30 g Pecorino oder Parmesan
1 kleine Zwiebel
1 Karotte
2–3 Blätter Radicchio
etwas frische Minze
Salz und Pfeffer aus der Mühle
Olivenöl
zum Garnieren Ricotta und fein geschnittener Radiccio nach Belieben

Die Fischscheiben ausbreiten. Den Ricotta und den geriebenen Parmesan zu einer geschmeidigen Masse verrühren und gleichmässig auf die Fischscheiben streichen. Die Zwiebel, Karotte und Radicchioblätter fein hacken. In etwas Olivenöl anziehen lassen, salzen und pfeffern. Zuletzt fein geschnittene Minze darunter mengen und das Gemüse abkühlen lassen. Die bestrichenen Fischscheiben damit belegen und aufrollen. Nach Belieben mit feinen Radicchiostreifen und Ricotta garniert servieren.

Röllchen von geräuchertem Thunfisch mit frischem Ricotta.

Auf den Liparischen Inseln braucht es nicht viel, um in Ferienstimmung zu kommen. Ein Blick aus dem Hotelzimmer genügt.

Pecorino fresco di Vulcano con gamberetti di nassa sul letto di rucola

Frischer Pecorino mit kleinen Reusengarnelen und wilder Rucola

Der Tourismus auf den Liparischen Inseln hat (auch) gute Seiten: Vor ein paar Jahren begannen die Hirten wieder Käse und Ricotta zu machen. Für diese Vorspeise braucht man den noch ganz milden, jungen Pecorino. Mit dem Olivenöl und den Kräutern (von den Inseln selbstverständlich) entsteht daraus ein Gedicht. Die winzigen frischen Garnelen machen daraus ein Fest. Sie werden rund um die Inseln in Reusen gefangen und sind so zart, dass man sie samt ihren Schalen geniessen kann.

4 Scheiben junger Pecorino (ca. 200 g)
400 g kleine, abgekochte Garnelen
300 g Rucola, möglichst wilde oder aus Freilandanbau
1 EL gehackte Kräuter wie Petersilie, Fenchel, Schnittlauch
Salz und weisser Pfeffer aus der Mühle
2 EL guter Weinessig
4 EL Olivenöl extra vergine

Die kleinen Reusengarnelen sind so zart, dass man sie samt Schalen geniesst.

Den Pecorino und die kleinen Garnelen auf einem Rucolabett anrichten. Aus den anderen Zutaten eine Sauce mischen und diese darüber verteilen.

Der kulinarische Tipp Wenn Sie die Komposition inspiriert, sollten Sie ebenfalls auf beste, frischeste Rohprodukte achten.

Maccheroni al pesto rosso di capperi

Hausgemachte Makkaroni mit rotem Kapernpesto

Der sizilianische Hartweizen, aus dem im «Filippino» die Makkaroni und das Brot gemacht werden, ist von leuchtendem Gelb und kräftigem Geschmack. Das Teigkneten von Hand ist Schwerarbeit. Für das Formen der langen Röhren benutzte man früher Schilfhalme, Stricknadeln oder die Metallstäbe von Regenschirmen oder Angelruten. Wegen dieser behelfsmässigen Utensilien haben die Makkaroni verschiedenen Namen: In Palermo heissen sie zum Beispiel «Busiate».

Teig:
400 g Hartweizendunst
1/2 TL Salz
2 Eier
warmes Wasser: je nach Luftfeuchtigkeit und Weizenqualität 80–100 ml
zum Formen: Holzspiesse oder Peddigrohr von 2 mm Durchmesser und 30 cm Länge

Sauce:
3 EL geschälte Mandeln
1 EL Pinienkerne
2 Knoblauchzehen, geschält
500 g vollreife Tomaten, halbiert und entkernt
2–3 EL eingesalzene, gewässerte Kapern
3 Sardellenfilets
10 Basilikumblätter

5 Minzeblätter
Salz und Pfeffer aus der Mühle
200 ml Olivenöl extra vergine
5 EL geriebener Pecorino

Den Hartweizendunst im Kranz auf die Arbeitsfläche sieben. Das Salz in etwas Wasser auflösen und mit den Eiern in die Mitte geben. Von der Mitte her die Zutaten erst mit einem Löffel verrühren, bis ein dickflüssiger Brei entsteht. Dann mit den Händen mehr und mehr Dunst einkneten. Bei Bedarf noch etwas Wasser zugeben, bis der Teig zusammenhält, und so lange kneten, bis er geschmeidig ist. (Von Hand dauert es 30 Minuten. Einfacher geht es mit einer Küchenmaschine. Aber auch damit muss man etwa 15 Minuten kneten.) Den fertigen Teig zur Kugel formen, in Folie wickeln und mindestens 2 Stunden ruhen lassen.
Danach in nussgrosse Stücke teilen und zu dünnen Strängen rollen. Davon haselnussgrosse Stücke abschneiden und wieder zu dünnen Strängen rollen. Je ein Peddigrohr oder Holzstäbchen auf einen Strang drücken und rollen, bis sich der Teig als etwa 20 cm lange Nudel darumgewickelt hat. Etwas antrocknen lassen und die Stäbchen herausziehen. So verfahren, bis der ganze Teig aufgebraucht ist.
Für die Sauce sämtliche Zutaten im Mixer zu einer Paste verarbeiten. Die Makkaroni in Salzwasser al dente kochen, in einem Sieb abtropfen lassen und ein Glas Kochwasser bereit halten. Die Paste mit den Nudeln vermischen, eventuell mit etwas Kochwasser verdünnen. Heiss auf vorgewärmten Tellern anrichten.

Der kulinarische Tipp ❅ Mit «Dunst» bezeichnen die Müller einen Ausmahlgrad, der zwischen Griess und Mehl liegt (italienisch «semolina» oder «semola fine»). Die Verarbeitung von Hartweizendunst braucht Erfahrung und Geduld. Am besten üben Sie das Formen der Makkaroni erst mit einer Probemenge Teig, und genieren Sie sich letztlich nicht, fertige Makkaroni von guter Qualität zu kaufen.

Raviolini di cernia in salsa paesana

Mit Zackenbarsch gefüllte Raviolini an rustikaler Tomatensauce

Der Zackenbarsch liebt Felsenriffe, wie es sie um die Liparischen Inseln gibt. Und er liebt Krustentiere, was ihn selber zum Genuss macht. In diesen Raviolini kommt der ganze Fisch zu Geltung.

Teig:
siehe Makkaroni-Rezept links

Füllung:
350 g Filet vom braunen Zackenbarsch ohne Haut
½ l Fischfond
1 EL eingesalzene, gewässerte Kapern
1 EL gehackte Petersilie
1 Msp. fein gehackter roter Peperoncino
1 Ei
1 EL geriebener Pecorino oder Parmesan
Salz

Sauce:
1 kleine weisse Zwiebel
1 EL Olivenöl extra vergine
200 g Abschnitte vom Zackenbarsch, auch Teile vom Kopf
4 vollreife Tomaten
2–3 EL Weisswein
1 EL gehackte Petersilie
½ EL eingesalzene, gewässerte Kapern
1 Msp. feingehackter roter Peperoncino
Salz

Den Teig wie für die Makkaroni zubereiten und ruhen lassen. Mit der Pastamaschine dünn auswalzen.
Für die Füllung die Fischfilets im Fischfond pochieren, herausnehmen und auskühlen lassen. (Den Fond zu weiterem Gebrauch aufbewahren.) Zusammen mit den Kapern grob hacken und mit den anderen Zutaten der Füllung vermengen. Bei Bedarf mit etwas Fischfond verdünnen.

Den ausgewalzten Teig in 4 cm breite Streifen schneiden. Darauf die Füllung im Abstand von je 6 cm verteilen. Die Teigstreifen zwischen den Füllungen durchschneiden. Die einzelnen Teigstücke an den Rändern mit Wasser bepinseln und zu rechteckigen Kissen – mit der Füllung in der Mitte – zusammenlegen. Die Ränder gut zusammendrücken und etwas antrocknen lassen.

Für die Sauce die Zwiebel sehr fein hacken und im Olivenöl glasig dünsten. Die Fischabschnitte und Tomaten würfeln und beifügen. Mit Wein ablöschen und die Würzzutaten dazugeben. Etwas köcheln lassen. Dann die Sauce mit der Hälfte des übrigen Fonds verdünnen und sämig einkochen. Die Raviolini in Salzwasser als dente kochen, abgiessen und gut abgetropft mit der Sauce vermengen. Heiss auf vorgewärmten Tellern anrichten.

Der kulinarische Tipp ❋ Auch Meerbarben eignen sich für diese Zubereitung gut.

Scorfano a ghiotta alla liparota

Grosser Roter Drachenkopf, mit Tomaten, Kapern und Oliven gedünstet

Nach dem Grossen Roten Drachenkopf schlecken Kenner sich die Finger. Der Fisch mit dem stachelig gepanzerten Kopf ist denn auch das Logo von «Filippino».

- 2 Rote Drachenköpfe (ca. 500 g)
- 3 kleine weisse Zwiebeln
- 3 vollreife Tomaten
- 3 EL Olivenöl extra vergine
- 8 entsteinte, halbierte grüne Oliven
- 1 EL eingesalzene, gewässerte Kapern
- 1/2 EL gehackte Petersilie
- 1/2 EL fein geschnittenes Basilikum
- 2–3 EL Weisswein
- 100 ml Wasser
- Salz und Pfeffer aus der Mühle
- kleine geröstete Brotscheiben zum Garnieren

Den Fisch vom Fischhändler küchenfertig vorbereiten lassen, d. h. ausnehmen, die stacheligen Flossen entfernen und schuppen lassen. Die Zwiebeln fein schneiden, die Tomaten häuten, entkernen und klein würfeln. In einer grossen Bratpfanne das Olivenöl erhitzen, die Zwiebeln goldglänzend anziehen lassen und die Tomaten zufügen. Unter Rühren einige Minuten dünsten. Dann die Fische mit der Bauchseite nach unten darauf setzen und mit den Oliven, den Kapern und den Kräutern umlegen. Mit Weisswein ablöschen und das Wasser zugiessen. Zugedeckt 30 Minuten sachte schmoren lassen. 10 Minuten vor Ende der Kochzeit die Sauce mit Salz und Pfeffer abschmecken. Mit kleinen gerösteten Brotscheiben servieren.

Der kulinarische Tipp ❋ Um den Drachenkopf zu ersetzen, brauchen Sie einen aromatischen, festfleischigen Fisch. Zum Beispiel einen Zackenbarsch oder Kingfisch.

Risotto nero con calamaretti

Schwarzer Risotto mit kleinen Tintenfischen

Johann Gottfried Seume schrieb noch 1802 in sein Reisetagebuch: «Von Messina bis Cefalù ist es sehr wild; von hier ab fängt die Kultur wieder an, etwas besser zu werden. Es kommen nun viele Reisfelder.» Den Reis müssen die Sizilianer heute aus dem Norden beziehen.

- 300 g kleine Tintenfische, mit der Tinte
- 2–3 EL Olivenöl extra vergine
- 1 Knoblauchzehe, gehackt
- 1 Msp. roter Peperoncino, fein gehackt
- 3 frische Lorbeerblätter
- 1 kleine Zwiebel, gehackt
- 1 reife Tomate, gewürfelt
- 100 ml Weisswein
- Salz
- 400 g guter Risottoreis
- 3/4 l Fischfond

Grosser Roter Drachenkopf, mit Tomaten, Kapern und Oliven gedünstet.

Die kleinen Tintenfische, falls sie nicht küchenfertig sind, säubern, das heisst den Kopf mit den Tentakeln vorsichtig aus dem Mantel ziehen. Den Tintenbeutel aufstechen, die Tinte auffangen und aufbewahren. Von den Fangarmen die harten Teile abschneiden und wegwerfen, ebenfalls den Kopf und die Kalkschale aus dem Mantel. Die gesäuberten Teile waschen und grob zerschneiden.
Im Olivenöl den Knoblauch, Peperoncino, Lorbeer und Zwiebel anziehen lassen. Die Tomaten beifügen, dann die gehackten Tintenfische. Die Tinte einrühren. Kurz einkochen, mit Weisswein ablöschen und vorsichtig salzen. Rund 1 Stunde köcheln lassen. Danach den Reis einrühren und bevor er ansetzt, mit dem Fischfond auffüllen. Den Deckel zur Hälfte auf den Topf legen und den Reis fleissig rühren, bis er al dente ist. Den Topf zur Seite ziehen und zudecken. Den Reis noch 3 Minuten ziehen lassen und danach servieren.

Der kulinarische Tipp Tintenfische gibt es bei uns nur im vorgesäuberten Zustand, das heisst ohne Tinte. Diese können Sie aber, in Beutelchen verpackt, dazukaufen.

Schwertfisch in der Kräuterkruste.

Pesce spada del nonno Filippo

Schwertfisch in der Kräuterkruste

Auch dieses Rezept ehrt den Nonno. Die zwei Arten der Zubereitung (die eine in der Pfanne, die andere auf dem Grill) lassen die Wahl offen, so wie man in guten sizilianischen Restaurants die Wahl gern dem Gast überlässt.

4 Scheiben Schwertfisch zu je 150 g
Salz und Pfeffer aus der Mühle
75 g Brotbrösel
40 g geriebener Pecorino
6 Basilikumblätter
10 Minzeblätter
1 Knoblauchzehe
4 EL Olivenöl extra vergine

Den Fisch mit Salz und Pfeffer einreiben und in eine eingeölte Backform legen. Die Kräuter und den Knoblauch fein hacken und mit den Brotbröseln und dem geriebenen Käse vermengen. Die Mischung auf den Fischscheiben verteilen, etwas andrücken und mit dem Olivenöl übergiessen. Im 180 °C heissen Ofen 6 Minuten überbacken.

Als Variante Den Fisch mit Kräutern, Zitronensaft und Olivenöl marinieren und in Brotbröseln wälzen. Diese gut andrücken und den Fisch auf dem heissen Grill garen.

Filetti di spatola all'isolana

Überbackene Fischschnitzel

Ein einfaches Rezept aus der Küche von Nonno Filippo.

8 Schwertfischschnitzel à 75 g
Salz und weisser Pfeffer aus der Mühle
1 Knoblauchzehe, fein gehackt
4 Sardellenfilets, fein gehackt
1 EL eingesalzene, gewässerte Kapern
1 EL fein geschnittene Minze
3 EL Olivenöl extra vergine

Die Schnitzel salzen und pfeffern und in eine eingeölte Backform legen. Die anderen Zutaten im heissen Olivenöl anziehen lassen und über den Fisch verteilen. Im 200 °C heissen Ofen 8 Minuten überbacken. Warm mit Zitrone geniessen.

Dentice al forno

Zahnbrassen aus dem Ofen

4 Zahnbrassen zu je 350 g
Salz und Pfeffer aus der Mühle
1 Zucchetti, klein gewürfelt
2 EL gehackte Kräuter: Rucola, Basilikum, Petersilie und Minze
2 EL Olivenöl extra vergine
3–4 EL Weisswein

Die Fische ausnehmen und schuppen – was Ihnen der Fischhändler abnimmt. Innen und aussen würzen und in eine eingeölte Backform legen. Die Zucchetti mit den Kräutern vermengt darüber verteilen. Mit Öl und Wein umgiessen. Im 180–200 °C heissen Ofen 30 Minuten garen.

Der kulinarische Tipp Zahnbrassen sind selten auf unseren Märkten. Für dieses Rezept passen auch Doraden (Goldbrassen), die aber meistens aus Fischfarmen kommen.

Bocconcini di pesce spada

Schwertfischspiesschen mit Salmoriglio-Marinade

«Salmoriglio» mit dem Zitronen- und Olivengeschmack ist die typische sizilianische Marinade für Fisch vom Grill. Sie sorgt dafür, dass dieser nicht austrocknet. Die Füllung macht die aufgespiessten Schwertfischröllchen besonders saftig.

18 dünne, kleine Scheiben von Schwertfisch (ca. 400 g)
120 g Brotbrösel
50 g geriebener Pecorino
150 g gedämpfter Schwertfisch
1 EL kleine eingesalzene, gewässerte Kapern
1 EL entsteinte, grob gehackte grüne Oliven
2 EL gehackte Petersilie und Basilikum
1 Msp. fein gehackter Peperoncino
3 EL Tomatensauce
3 EL Olivenöl extra vergine
12 frische Lorbeerblätter
1 Zwiebel, in dünne Schnitze geschnitten

Salmoriglio:
Saft von 2 Zitronen
100 ml Olivenöl extra vergine

Die Fischscheiben vorsichtig flach klopfen und ausbreiten. Für die Füllung den geriebenen Käse, den gedämpften Fisch, Kapern, Oliven, Kräuter und Peperoncino in einer Schüssel vermengen und zermusen. Die Tomatensauce und das Olivenöl darunter mischen. Die Füllung häufchenweise auf die Fischscheiben setzen, diese aufrollen und abwechselnd mit den Lorbeerblättern und den Zwiebelschnitzen auf Spiesse stecken. Mit der Marinade aus Zitronensaft und Olivenöl bepinseln und auf dem heissen Grill 8–10 Minuten garen.

Semifreddo alla mandorla con cioccolata calda

Mandelparfait mit heisser Schokoladesauce

Das Mandelparfait – in Varianten – ist ein beliebtes Dessert der sizilianischen Restaurants. Sizilianisch sind daran die Mandeln, das Nougat und das Eis. Und die Grundlage dazu vielleicht die uralte sizilianische Erfrischung, das Mandelmilchgelee oder «Biancomangiare».

Mandelparfait mit heisser Schokoladesauce.

Für 6 Personen:

200 g geschälte Mandeln

300 g Zucker

1 l Rahm

5 Eier

¼ l Vollmilch

2 EL reines Kakaopulver mit über 10 % Fettanteil

Die geschälten Mandeln und 200 g Zucker in einen schweren Kochtopf geben. Unter ständigem Rühren langsam erhitzen und goldbraun karamelisieren lassen. Die Masse auf eine Marmorfläche – oder ein eingeöltes Backblech – giessen, gleichmässig verstreichen und abkühlen lassen. Danach in der Küchenmaschine mittelfein hacken.

Den Rahm mit 100 g Zucker steif schlagen und kühl stellen. Eigelb und Eiweiss getrennt steif schlagen und mit dem Mandelkrokant unter den Rahm ziehen. In kalt ausgespülte Puddingförmchen giessen und 12 Stunden tiefkühlen. Eine Stunde vor dem Anrichten aus dem Tiefkühlfach nehmen und in den Kühlschrank stellen.

Den Kakao mit ganz wenig warmer Milch glatt rühren und in die restliche, kochende Milch quirlen. Die Mandelparfaits aus den Förmchen lösen, stürzen und mit der warmen Sauce umgiessen.

Der kulinarische Tipp Für die Sauce ist ein Kakaopulver mit sehr hohem Fettanteil wichtig. Als Ersatz könnten Sie dagegen Schokolade mit einem sehr hohen Kakaoanteil schmelzen.

Biscottini della nonna

Sesamgebäck

Der Sesam – «giuggiolena» – gehört zu Sizilien wie die Zitrusfrüchte, die Mandeln oder der Jasmin. Die Araber brachten diese Samen mit dem seltsamen Nussgeschmack auf die Insel. Heute baut zwar keiner mehr Sesam hier an, aber Nonnas Biscotti sind geblieben.

160 g Butter
120 g Zucker
2 Eier
1 Zitrone
400 g Mehl
Sesamsamen zum Wälzen

Die Butter mit dem Zucker schaumig rühren. Die Eier und etwas abgeriebene Zitronenschale dazugeben und 10 Minuten weiterrühren. Nach und nach das Mehl darunter sieben. Rasch zu einem mürben Teig mischen, zur Kugel formen und in Folie wickeln. Im Kühlschrank 4–5 Stunden ruhen lassen. Dann in nussgrosse Stücke schneiden und diese zu 6 cm langen «Fingern» rollen. Eine Schüssel mit kaltem Wasser füllen. Die «Finger» kurz hineintauchen, dick im Sesam wälzen und die Samen von allen Seiten andrücken. Auf ein mit Backtrennpapier ausgelegtes Blech legen und bei 170 °C 35–40 Minuten backen.

Der kulinarische Tipp ❊ Im «Filippino» macht man aus demselben Teig auch Biscotti. Doch diese wälzt man in Anis statt in Sesam.

Pastine di mandorle

Mandelmakronen

Diese Mandelmakronen sind die sizilianische Antwort auf die «Amaretti». Ihr Geheimnis liegt in den Mandeln, deren Aroma nicht künstlich mit Bittermandelessenz verstärkt werden muss, und in einem reizvollen Gaumenkitzel, der von der Zitrone stammt.

250 g geschälte Mandeln
180 g Zucker
abgeriebene Schale von 1 Zitrone
1 EL Mehl
3 Eiweiss
Puderzucker zum Bestäuben

Die Mandeln mit dem Zucker im Mixer zu einer feinen Paste verarbeiten. Die abgeriebene Zitronenschale und das Mehl zufügen und alles noch einmal mixen. Die Eiweiss zu Schnee schlagen und darunter ziehen. Mit zwei Teelöffeln nussgrosse Häufchen abstechen und diese auf ein mit Backtrennpapier ausgelegtes Blech setzen. Im 150 °C heissen Ofen 20 Minuten backen. Nach dem Auskühlen mit Puderzucker bestäuben.

Diese Bäuerin trägt am Abend nicht nur ihr Gemüse nach Hause: Auch die Entenjungen brauchen ein sicheres Dach.

Da Franco Salina, Isole Eolie

Wenn Franco Gullo einen Korb mit Kapern verliest oder Kräuter zum Trocknen aufbindet, fallen ihm all die Geschichten ein, die ihm seine Eltern und die Alten dieser Insel erzählten. Es sind Geschichten von Dorffesten, den Launen des Meeres oder schierer Not, und sie würzen heute seine Gerichte. Von sich selber sagt er: «Ich bin Bauer.» Er will damit andeuten, dass fast alles in seiner Küche vom eigenen Hof stammt – die Kapern, das Gemüse, das Olivenöl, der Wein. Und dass er, wenn der Tourismus zu Beginn des Winters einschläft, beim Hacken auf den Feldern auch selber Hand anlegt. Das Kochen lernte er in einer klassischen Tellerwäscherkarriere, also von der Pike auf, und «von den Geschichten der Alten», wie er noch einmal betont. «Die Bewohner von Salina waren arm, aber sie assen gut. Das will ich bewahren: das Einfache und Gute.» Sein Prinzip kommt an, denn ein Plätzchen bei «Da Franco» ist im Sommer gesucht. Unter seiner Pergola bleibt die Zeit stehen und der Blick über die äolischen Gärten hinaus auf die unendliche Bläue des Meeres macht das Inselglück perfekt.

Il pane dei poveri

Ofenwarmes Brot mit Olivenöl und Kräutern

Dieser stille Genuss kommt ohne Rezept aus. Er stammt aus der Tradition des Brotbackens, als die Steinöfen nur einmal in der Woche oder noch seltener geheizt wurden und das duftende, frische Brot zu den grossen Köstlichkeiten zählte. Wenn Franco die Erinnerung daran packt, schneidet er ofenwarmes Landbrot in Scheiben, tropft kaltgepresstes Olivenöl darüber und streut gerebbelten Oregano und grobes Meersalz darauf. Diesen spontanen Appetithappen serviert er zu einem Krug Landwein aus dem eigenen Keller.

Auf den Liparischen – oder Äolischen – Inseln bieten Festland und Meer ein stimmungsvolles Spektakel.

Insalata di capperi

Kapernsalat

Für Salate, Füllungen und Saucen verwenden die einheimischen Kenner die grossen Knospen, weil diese mehr Aroma haben, wie sie sagen. Aber auch, weil die kleinen und teuren zu schade dafür wären. Auf jeden Fall sind es immer eingesalzene Kapern und nie in Essig eingelegte.

400 g grosse, eingesalzene Kapern (nicht zu verwechseln mit Kapernäpfeln)
3 EL guter Weinessig
1–2 EL Malvasia
5–6 EL Olivenöl extra vergine
1–2 gepresste Knoblauchzehen
1 EL gehackte Minze
12 reife Kirschtomaten

Die Kapern ein paar Stunden wässern, um ihnen das Salz zu entziehen. Dabei das Wasser mehrmals wechseln. Essig, Wein und Olivenöl zu einer sämigen Sauce verrühren und mit Knoblauch und Minze würzen. Die Kapern abtropfen lassen, mit den Händen ausdrücken und mit der Sauce vermischen. Zugedeckt 1–3 Stunden ziehen lassen. Vor dem Anrichten mit den halbierten Kirschtomaten garnieren.

Der kulinarische Tipp ❋ Dieser Salat schmeckt besser, wenn Sie ihn ziehen lassen.

Verdurina selvatica

Süss-scharfes Gemüse mit wildem Fenchel

Wildgemüse und wilde Kräuter sind die Würze der einfachen mediterranen Küche, der «Cucina povera». Die Hauptrolle spielt der wilde Fenchel, den man jung als Gemüse geniesst. Er schmeckt etwas bitter, was sich mit den süssen Sultaninen und dem Peperoncino gut verträgt.

Süss-scharfes Gemüse mit wildem Fenchel (vorne) und frittierte, gefüllte Kürbisblüten (hinten).

600 g wilder Fenchel oder anderes Blattgemüse wie Lattich oder Schnittkohl
3 EL Olivenöl extra vergine
2 Knoblauchzehen
etwas roter Peperoncino
1 EL Sultaninen
Salz

Den Fenchel in Salzwasser blanchieren und abtropfen lassen. Den Knoblauch und Peperoncino sehr fein hacken und im Olivenöl andünsten. Den Fenchel und die Sultaninen dazugeben. Alles gut vermischen und zugedeckt 10 Minuten dünsten. Bei Bedarf etwas Wasser zugiessen. Abschmecken und lauwarm geniessen.

Der kulinarische Tipp ❋ Wilder Fenchel lässt sich – in diesem Rezept – nicht durch den gezüchteten Knollenfenchel ersetzen. Bessere Alternativen sind Löwenzahn, Schnittkohl oder Stengelkohl.

Fiori di zucca fritti

Frittierte, gefüllte Kürbisblüten

Die Blüten an den Kürbisranken öffnen sich weit, sobald die Sonne aufgeht. Wie die Kapern gibt es sie in Fülle im ganzen Sommer und sie sind von den sizilianischen Antipasti nicht wegzudenken.

8–12 Kürbisblüten
4–6 EL Brotbrösel
2–3 EL geriebener Pecorino
1–2 gepresste Knoblauchzehen
2 EL fein geschnittene Petersilie und Basilikum
Salz und Pfeffer
2 Eier
1 EL Milch
etwas Mehl
Olivenöl zum Frittieren

Die Kürbisblüten öffnen und den Stempel entfernen. Die Brotbrösel, den Käse, die Kräuter, die Gewürze und ein Ei vermischen. Die Masse mit einem Teelöffel in die Blüten füllen und diese zu einem Päckchen zusammendrücken. Erst in Mehl, dann in einem mit etwas Milch verquirlten Ei wenden und in heissem Olivenöl ausbacken.

Spaghetti ai capperi

Spaghetti mit einer Sauce aus Kapern, Oliven und Tomaten

Spaghetti sind in der heutigen sizilianischen Küche beliebt, denn sie sind nicht nur schnell zubereitet, sondern auch sehr anpassungsfähig. Mit einfachen Grundzutaten wie hier lacht uns eine ganze Mittelmeerinsel entgegen.

500 g Spaghetti
500 g vollreife Tomaten
4 EL Olivenöl extra vergine
3–4 Knoblauchzehen
1 EL fein geschnittenes Basilikum und Petersilie
1 1/2 EL eingesalzene, gewässerte Kapern
1 1/2 EL entsteinte schwarze Oliven
Salz
2 EL Brotbrösel, gemischt mit gehackten Mandeln und Kräutern

Die Spaghetti in Salzwasser al dente kochen. Die Tomaten grob würfeln und im heissen Olivenöl anziehen lassen. Den Knoblauch pressen und zusammen mit den Kräutern, den Kapern und Oliven hinzufügen. 3 Minuten dünsten, abschmecken und mit den abgetropften Spaghetti vermischen.
Die Brotbrösel mit den Mandeln in einer beschichteten Pfanne leicht anrösten und die Kräuter zufügen. Die Mischung über die Spaghetti streuen oder darunter mengen. Auf vorgewärmten Tellern servieren.

Sarde «a beccaficu» con crema di capperi

Gefüllte Sardinen mit grünem Pesto aus Kapern

Nach einer Theorie haben die Sardinen «a beccaficu» ihren Namen von den Schwanzflossen, die wie «Vogelschnäbel» aussehen, wenn man die Fische aufrollt. Nach einer anderen Theorie haben sie ihn von gewissen Fischerbarken, denen sie gleichen. Wie dem auch sei: Francos Version gleicht weder Vogelschnäbeln noch Fischerbarken. Dadurch ist sie umso sizilianischer, weil jede Region behauptet, die ihre sei die richtige.

12–18 frische Sardinen, ohne Kopf und Gräten
4 EL Brotbrösel
1 Knoblauchzehe
1 Bund Petersilie
1 EL Kapern
1 Ei
1 EL geriebener Pecorino
Salz und Pfeffer
Mehl zum Bestäuben
Olivenöl zum Braten

Kapernpesto:
100 g eingesalzene, gewässerte Kapern
1–2 Knoblauchzehen
1 EL Pinienkerne
4 Zweige Petersilie
1 Zweig Minze
1/2 EL Sultaninen
200 ml Olivenöl extra vergine

Gefüllte Sardinen mit grünem Pesto aus Kapern.

Die Hälfte der Sardinen mit der Hautseite nach unten flach ausbreiten. Für die Füllung die Brotbrösel in wenig Olivenöl leicht anrösten. Mit dem gepressten Knoblauch, der fein geschnittenen Petersilie, einem Ei und dem geriebenen Käse gut vermischen. Die Füllung abschmecken und auf die ausgebreiteten Sardinen streichen. Die restlichen Sardinen mit der Bauchseite nach unten auf die Füllung legen und leicht andrücken. Die «Doppeldeckerfischchen» locker in Mehl wenden und in heissem Olivenöl braten. Auf Küchenpapier entfetten und wahlweise mit einer Tomatensauce oder dem grünen Kapernpesto servieren.
Für den Pesto die gewässerten und abgetropften Kapern gut ausdrücken und mit den restlichen Zutaten im Mixer mischen, bis das Ganze eine cremige Konsistenz hat. Teelöffelweise auf die gebratenen Sardellen geben.

Der kulinarische Tipp ❄ Kapernpesto ist auch eine beliebte Würze für Lasagne.

Zimtgebäck.

Biscotti di cannella

Zimtgebäck

Diese Biscotti seien richtige Biscotti der Nonni, sagt Franco. Jede Familie habe sie in einer Dose auf Vorrat gehabt und aufgetischt, wenn Besuch gekommen sei. Mit einem Gläschen Malvasia, in den man sie tünkelte.

Für etwa 20 Stück:
2 Eier
125 g Zucker
1/2 EL Zimtpulver
1 EL Sonnenblumenöl
250 g Mehl
1 EL Backpulver
Mehl und Zucker zum Arbeiten

Die Eier mit dem Zucker und Zimt schaumig rühren. Das Öl einmengen. Das Backpulver mit dem Mehl vermischen und darunter sieben. Das Ganze zu einem geschmeidigen Teig verarbeiten und 30 Minuten ruhen lassen. Zum Formen den Teig in nussgrosse Stücke teilen und diese zwischen den bemehlten Handflächen zu Bällchen rollen. In Zucker wälzen und zu unregelmässigen, 3 mm dicken Plätzchen flach drücken, dabei eventuell mit dem Rollholz nachhelfen. Ein Blech mit Backtrennpapier auslegen. Die Plätzchen darauf setzen und im 180 °C heissen Ofen in etwa 15 Minuten sandbraun backen.

Der kulinarische Tipp ❄ Mit Rohzucker statt mit weissem wirkt der Zimt «runder». Ein paar Mandelplättchen, vor dem Backen in die Kuchen gedrückt, bereichert sie.

Eigenständige Inselweine

Seit die Menschen Sizilien besiedeln, sind diese Insel und Inselchen ein Weinbaugebiet. Versteinerte Samenfunde beweisen, dass sogar schon vor Millionen Jahren dort Reben wuchsen. Und dieses Gebiet ist eines der reichsten an eigenständigen, antiken Rebsorten geblieben. Es ist ein Umstand, der mitgeholfen hat, das sich der Norden wieder intensiv für den Süden interessiert. Als vor rund dreissig Jahren Graf Giuseppe Tasca d'Almerita seinen «Rosso del Conte» der Weinfachwelt vorstellte, war diese erst einmal verdutzt. Und auch die Sizilianer glaubten lange, sie müssten auf der Modewelle von Chardonnay und Cabernet reiten, um Anerkennung zu finden. Von der Rebsorte Nero d'Avola, die im Rosso des Grafen die Hauptrolle spielt, nahmen nur wenige Notiz. Heute gilt sie als die Königin der sizilianischen Rotweine. Sie gibt ihnen zugleich Struktur und Eleganz wie dem «Cerasuolo di Vittoria» von COS oder dem «Tancredi» von Donnafugata – Weingüter, die weit über Sizilien hinaus zu einem Begriff geworden sind. Noch im Schatten der mächtigen Königin steht die Nerello Mascalese. Ursprünglich war sie «die» Traube des Ätna, mit langlebigen Weinen, lange zugeknöpft, um sich dann in der Reife überraschend zu öffnen. Im kleinen Weingut Palari auf den Ausläufern des feuerspuckenden Grummelbergs vinifiziert sie Salvatore Geraci nun zu seinem «Rosso del Soprano», der ihre ganze Frucht zum Explodieren bringt.

Dass die Weine einer Insel, die praktisch bei Afrika liegt, mit ihrer Frucht betören, ist nicht selbstverständlich. Das Hochziehen der Reben auf Spaliere oder die frühere Ernte sind dafür nur einige der Gründe – abgesehen von den Investitionen in moderne Kellertechnik. So lässt Donnafugata zum Beispiel einen Teil der Trauben nachts lesen, um von den minimalen Temperaturunterschieden zu profitieren. Deshalb ist der reinsortige «Vigna di Gabri» dieses Weingutes voll duftiger Zartheit, für die die Inzolia-Rebe berühmt ist. Diese einheimische weisse Sorte wird sonst nur für Assemblagen verwendet wie etwa zusammen mit der Catarratto- und der Grillo-Traube im «Marsala».

Siziliens Weissweine, über die am meisten geschrieben wird

Antonio Caravaglio ist ein eigenwilliger Weinproduzent auf Salina.

– im Guten und im Bösen –, sind edelsüsse Dessertweine, die Passiti. Der Moscato di Pantelleria und der Malvasia di Lipari sind die bekanntesten. Weil der Aufwand für einen echten Passito enorm ist, der Ertrag sehr gering und die Nachfrage sehr gross, besteht die Versuchung zu mauscheln. Zudem haben diese Weine den Bonus von antiken Klassikern. Marco De Bartoli, der sowohl mit «Vecchio Samperi» in Marsala wie auch mit «Bukkaram» auf Pantelleria gross herauskam, bestätigt: Ein Moscato profitiert von der gegenwärtigen Mode, und er hat Vorschusslorbeeren.

Auf der Liparischen Insel Salina war es Carlo Hauner, der den vielbesungenen, doch im Aussterben begriffenen Malvasier wiederbelebte. Sein Qualitätsmassstab wie sein Name wirken bis heute – Jahre nach seinem Tod – nach. Hauner ist eine Legende. Auf derselben Insel produziert noch Antonio Caravaglio kleine Mengen Passito. Dafür lässt er die Trauben bis gegen Ende September an den Stöcken. Dann werden sie in die Sonne auf Rohrmatten ausgelegt. Wenn aus den Beeren nur noch konzentrierte Tränchen tröpfeln, werden diese langsam, fast einzeln abgepresst. Der verbliebene Saft kommt in einen temperierten Inoxtank zum Vergären. Nur etwa achttausend kleine Flaschen stellt der eigenwillige Weinbauer im Jahr her und seufzt ironisch: «Ah, il famoso Malvasia! Tutti ne parlano, tutti lo bevono, ma nessuno le produsce.» Was ungefähr heisst, dass es von diesem Wein viel zu wenig gibt, es sich aber gut damit geschäften lässt.

Die Malvasier-Rebe von Lipari ist ein antike, einheimische Rebsorte. In Valdichiesa, am Hang des Vulkans Monte Fossa delle Felci, hat sie eine ideale Lage.

Feinkost, von Hand gepflückt

Als «Orchidee der Liparischen Inseln» werden die blühenden Kapern besungen. Ihre Schönheit mit den langfingerigen Staubfäden stellen sie im Sommer zur Schau. In diesen Monaten ist auch die Ernte der kugeligen grünen Würze, eben der Kapern. Diese sind nicht die Früchte des Strauchs, sondern seine Knospen und sie müssen frühmorgens, bevor die schöne «Orchidee» sich auftut, von Hand abgelesen werden. Denn gute Kapern haben fest geschlossene Köpfe. Ihre Grösse selber sagt weniger aus, als oft behauptet wird.

Obwohl es von dieser Gewürzpflanze viele Sorten gibt, verwilderte und wilde, haben alle dieselbe Vorliebe für Wärme und durchsonnte Böden. Es sind Bedingungen, die die sizilianischen Vulkaninseln Pantelleria und Salina aufweisen. Pantelleria liegt in Sichtweite vor dem tunesischen Kap Mustafa, also näher an Afrika als an Italien. Salina ist die zweitgrösste der Liparischen Inseln und schwelgt in einer Vegetation, die sie zum Paradies für Botaniker macht. Dass beide Inseln den Boden für legendäre Weine haben, ist bestimmt auch kein Zufall.

Kapernsträucher kriechen strubblig über Ackerböden, ranken an Mäuerchen entlang und prangen in jedem Haus-

Die Kapern von Salina und Pantelleria werden nicht in Essig eingelegt, sondern trocken eingesalzen.

Als «Kapern» gelten die Knospen der schönen «Orchidee». Ihre Früchte oder Kapernäpfel nennt man «cucunci». Sie haben einen würzigen Geschmack und sind als Beigabe zu getrockneten Tomaten, Oliven und Käse beliebt.

Die Blüten der Kapern werden als «Orchideen der Liparischen Inseln» besungen.

garten. Zur Küche der Liparischen Inseln gehört ihre Würze wie zur Suppe das Salz. Bevor sich mit dem Tourismus Geld verdienen liess, wurden sie auf Salina von allen Familien angebaut. Heute sind die Säckchen mit den Kügelchen eher ein Nebenverdienst für Weinbauern, Zimmervermieterinnen, Fischer und Wirte. So wie man sich auf der Insel schon immer auf mehrere Standbeine stellte. Um den Anbau in grösserem Stil kümmert sich noch die Kooperative Società S. Onofrio in Pollara. Sie verarbeitet die Knospen und Knöspchen auch zu genussfertigen Antipasti und Saucen, ja selbst zu Kosmetikartikeln.

Zwei bis fünf Kilogramm Kapern liefert ein Strauch während eines Sommers. Für diesen kleinen Schatz muss man aber jeden Tag darangehen, sich bücken. Nach dem Ablesen werden die Knospen gut durchlüftet und dann im Keller trocken eingesalzen. Manche Bauern entziehen ihnen in einer ersten Prozedur die Bitterstoffe und schichten sie nachher in Holztonnen um. Darin lässt man sie bis zur nächsten Ernte lagern. Für die Kunden der Feinkostläden werden sie nach Grösse verlesen: Die kleinsten sind die teuersten – weil sie am arbeitsintensivsten sind. Immer aber sind die authentischen Kapern von Pantelleria und Salina eingesalzen, nie in Essig eingelegt. Die Säure, lautet das Argument, würde deren Eigengeschmack auslaugen.

«Un po d'Africa

Die Araber machten Palermo im Jahre 831 zur Hauptstadt ihres neuen Inselreichs. Und sie machten sie zu einer der schönsten Metropolen Europas mit Palästen, Moscheen, Geschäftsstrassen und Lustgärten. Auch die Landwirtschaft blühte auf. Unter der Führung von persischen Fachleuten wurden Bewässerungssysteme angelegt und viele neue Pflanzen kultiviert: die Bitterorange, die Dattelpalme, die Melone, die Pistazie, der Reis, das Zuckerrohr. Aber auch der Maulbeerbaum und seine Nutzung für die Seidenraupenzucht und der Papyrus samt der Herstellung von Papier wurden eingeführt. Den Fischfang verbesserten sie mit neuen Techniken wie den «Tonnare», den Fanganlagen für den Thunfisch. Die Herrschaft der Araber dauerte rund zweieinhalb Jahrhunderte. Während dieser Zeit nahm die Bevölkerung stark zu, vor allem im Westen der Insel. Wobei als «Araber» immer auch Berber, Perser und spanische Mauren zu verstehen sind. So wirkte ihr kulinarischer Einfluss auch weit über die Insel hinaus. Nicht nur mit dem Eis oder dem «sharbat», der orientalischen Vorgabe für unser Sorbet, das in Sizilien «granita» heisst. Bis heute bedeutet das Löffeln in der sanft kühlenden Eiscreme sizilianische Frühstücksart. Arabisch ist auch die Vorliebe für Mandelpasten, für süss-salzige, süss-scharfe Geschmäcke wie in der «Pasta con le sarde» oder den «Sarde a beccaficu». Arabisch ist auch der Sesam, die «giuggiolena», die Broten und Gebäck eine eigenartige, fremde Würze gibt. Auch in den Namen alter Städte findet man den arabischen Einfluss wieder: Mar-el Alach (Marsala), Qal'at al-Balluth (Caltabellotta) – oder im Labyrinth der Kasbah von Mazara del Vallo, wo es nach Kuskus riecht.

Sizilien liegt vor den Toren Afrikas - und umgekehrt. Die Araber beherrschten die Insel über zweihundert Jahre, und ihr Einfluss ist vor allem im Westen sehr ausgeprägt.

giardino»

Ristorante La Muciara Porticello

«Muciare» heissen die schweren, breitbauchigen Fischerboote, mit denen der Thunfisch gejagt wird. Ganz im Zeichen des Meeres steht denn auch «La Muciara» am Capo Zafferano. Wer im Sommer draussen auf der überdachten Terrasse sitzt, speist wie im Theater, mit Blick auf die Fischer, wenn sie ihre Netze flicken. Die Szene ist nicht immer so idyllisch. Wenn die Frühjahrs- und Herbststürme um das Kap brausen, bleiben die Boote im Hafen, und die Vorfreude auf den quicklebendigen Hummer, die zappelnden Meerbarben und die knackigfrischen Tintenfischchen zerrinnt wie das Salz im Regen. Es habe auch schon Tage gegeben, an denen sie das Restaurant gar nicht aufgemacht hätten, erzählt Nello Cardilio, der mit Frau und Bruder die Regie führt. Diese Kompromisslosigkeit kann weh tun, wenn sich andere Gaststätten mit Tiefgekühltem behelfen. Andererseits hat sie dem «Muciara» eine breite Anerkennung verschafft: «Unsere Gäste wollen geniessen, was die Fischer hier vor ihren Augen an Land ziehen. Davon gibt es nicht immer alles, aber immer gibt es etwas», meint der Chef listig.

Pesce spada crudo marinato

Carpaccio vom Schwertfisch

Der mächtige Fischleib liegt, frisch eingebracht, in der Küche des «Muciara». In einer Stunde werden ihn die Messer der Köche zerlegt haben. So sind auch die Schnitzelchen des kurz marinierten Carpaccio reinster Genuss.

300 g frischer, roher Schwertfisch, in 3 mm dicke Schnitzelchen geschnitten
1 Zitrone
1 Msp. Salz
100 ml kaltgepresstes Olivenöl
10 Minzeblätter
1 TL gesalzene, gewässerte Kapern
1 kleine Knoblauchzehe
1 TL geröstete Pinienkerne
6 geschälte, geröstete Mandeln
schwarzer Pfeffer aus der Mühle

Carpaccio vom Schwertfisch.

Den rohen Fisch ziegelartig auf Teller anrichten. Zitronensaft, Salz und Olivenöl zur sämigen Marinade verrühren. Die anderen Zutaten – bis auf den Pfeffer – mit dem grossen Küchenmesser grob hacken und untermengen. Die Sauce über den Fisch verteilen und fünf Minuten einwirken lassen. Vor dem Genuss schwarzen Pfeffer grob darüber mahlen.

Der kulinarische Tipp ❄ Wenn roher Fisch nicht Ihre Sache ist, so lassen Sie das Carpaccio im 230 °C heissen Ofen eine Minute durchwärmen.

Tonno al vapore con olio, limone e menta

Gedämpfter Thunfisch mit Olivenöl, Zitronensaft und Minze

Anders als der grosse rote Thunfisch wird der Bonito, einer seiner kleinen Verwandten, das ganze Jahre gefischt. Er hat einen delikaten Geschmack, ist aber auch in der Zubereitung delikat, weil er schnell trocken wird.

500 g weisser Thunfisch am Stück
grobes Meersalz
1 Bund Minze
2 Zitronen
100 ml kaltgepresstes Olivenöl

Den Fisch grosszügig mit grobem Meersalz und ein paar Minzeblättern bestreuen. Im Dämpfeinsatz über reichlich kochendem Wasser eine Viertelstunde dämpfen. In der Zwischenzeit frische gehackte Minze, Zitronensaft und Olivenöl zu einer sämigen Marinade verrühren. Den gedämpften Fisch in ein vorgewärmtes Geschirr legen (die zerkochten Minzeblätter entfernen) und mit der Marinade übergiessen. Mit Aluminiumfolie abdecken und im 50 °C heissen Ofen 20 Minuten durchziehen lassen. Vor dem Servieren in Tranchen schneiden und die Sauce darüber löffeln.

Der kulinarische Tipp ❄ Thymian statt Minze ist weniger sizilianisch, passt zu dem Fisch aber ebenso gut.

Tortino di patate con filetto di tonno, gamberi e tenerumi

Thunfisch und Garnelen unter der Kartoffelhaube

«Tenerumi» heissen die Blattranken der schlangenähnlichen hellgrünen Kürbisse, der «Zucche lunghe». Die Blätter sind ausnehmend zart, auch im Aroma. Sie lassen sich wie Spinat zubereiten oder mit Pasta und Fisch kombinieren.

200 g fest kochende Kartoffeln
400 g Tenerumi oder ein anderes grünes Blattgemüse
1 kleine Zwiebel
1 Msp. frischer Peperoncino
300 g frischer Thunfisch, in Würfel geschnitten
300 g geschälte, rohe Garnelenschwänze
Salz
kaltgepresstes Olivenöl
fein geschnittenes Fenchelkraut oder Dill

Die Kartoffeln schälen, in 2 mm dicke Scheiben schneiden und in kochendem Salzwasser kurz blanchieren. Kalt abschrecken, abtropfen lassen und mit Küchenpapier trocken tupfen. Auch die gewaschenen Tenerumi blanchieren und grob hacken. Mit der fein geschnittenen Zwiebel in Olivenöl andünsten und abkühlen lassen. Ein ofenfestes Geschirr mit Öl ausstreichen und mit einer Schicht Kartoffelscheiben auslegen. Den Fisch salzen, mit ganz wenig Peperoncino würzen und darauf legen, ebenso die Garnelen und das gedünstete Blattgemüse. Die restlichen Kartoffelscheiben ziegelartig darüber schichten und mit Olivenöl beträufeln. Im 210 °C heissen Ofen ca. 20 Minuten backen. Mit fein geschnittenem Fenchelkraut oder Dill garnieren.

Der kulinarische Tipp Wenn Sie neue Kartoffeln haben, schälen Sie sie nicht und verwenden Sie sie roh: mit dem Hobel geschnitten.

Thunfisch und Garnelen unter der Kartoffelhaube.

Der Thunfischfang war lange Siziliens Reichtum. Wenn zwischen Frühling und Sommer die grossen Schwärme dieser Meereskolosse auftauchten, warteten die Fischer mit ihrer Technik der Netzfallen, aus der es kein Entrinnen gibt. Manche Küstengebiete der Insel waren deshalb bestückt mit sogenannten Tonnaren, den Schlacht- und Verarbeitungsanlagen für diese Riesenfische. Heute gibt es noch auf Favignana eine Tonnara. Favignana pflegt auch die Mattanza, das rituelle Schlachten, als Touristenspektakel. Sonst liegen die pechgeschwärzten Fischerboote wie gestrandet auf dem Trockenen, und die Anker, einst zum Festrammen der Netze, beginnen zu rosten.

Die kleine Tonnara von Scopello ist ein seltenes Schmuckstück. Sie liegt am Zugang zum ersten und vielleicht schönsten Naturpark Siziliens, dem Parco dello Zingaro.

Bavette con l'astice

Nudeln mit Hummer

Ein frischer Hummer vom Capo Zafferana ist auch im «Muciara» keine Alltagskost. Die Nudeln haben in diesem Rezept die dankbare Aufgabe, sich mit den Aromen von Meer und Kräutergarten vollzuschlürfen.

2 lebende Hummer von je ca. 250 g
1 Knoblauchzehe
1/2 Zwiebel
kaltgepresstes Olivenöl
2 in Öl eingelegte Sardellenfilets
50 ml Weisswein
200 g vollreife Tomaten
Salz
1/2 EL fein gehackte Petersilie
1/2 EL fein gehacktes Basilikum
300 g schmale Bandnudeln oder Spaghetti

Die lebenden Hummer kopfüber in einen Topf mit sprudelnd kochendem Wasser geben, um sie zu töten. 2 Minuten unterhalb des Siedepunktes ziehen lassen. Herausnehmen und längs halbieren. Knoblauch und Zwiebel fein schneiden und in einer weiten Bratpfanne glasig dünsten. Die Sardellen zerdrücken und zufügen. Die halbierten Hummer mit der Schale nach unten darauf legen, mit Weisswein und etwas Hummerbrühe ablöschen. Die Tomaten würfeln und dazugeben. Vorsichtig salzen und eine Viertelstunde sanft schmoren lassen.

Unterdessen die Nudeln in Salzwasser al dente kochen, abschütten und abtropfen lassen. Die Hummer aus der Pfanne nehmen. Das Schwanzfleisch aus den Schalen lösen, in Stücke schneiden und zu den Tomaten geben. Die Kräuter und eventuell noch etwas Olivenöl darunter mengen. Die heissen Nudeln mit dem Ragout vermischen. Auf vorgewärmten Tellern anrichten und mit den Hummerschalen dekorativ umlegen.

Ricciola all'acqua di mare

Gelbschwanzmakrele im eigenen Saft

Früher wurden Fische gelegentlich in Meerwasser gekocht. Daher stammt die Beschreibung «all'acqua di mare». Die Methode in der Folie ist eine kluge Verfeinerung.

2–4 Gelbschwanzmakrelen, geschuppt und ausgenommen
200 g Kartoffeln
100 g Kirschtomaten
1/2 Zwiebel
1 TL gewässerte gesalzene Kapern
einige Pfefferkörner
4 Basilikumblätter
1 TL gehackte Petersilie
Salz
kaltgepresstes Olivenöl
2–4 Blatt Aluminiumfolie für die Fischpäckchen

Die Fische innen und aussen salzen und auf die eingeölten Folien legen. Die Kartoffeln schälen, der Länge nach halbieren und in dünne Scheiben schneiden. Die Kirschtomaten vierteln, die Zwiebel in feinste Streifen schneiden. Mit diesen Zutaten die Fische umlegen und mit den Kräutern und Gewürzen bestreuen. Olivenöl darüber tröpfeln und die Folien zu Päckchen verschliessen. Im 200 °C heissen Ofen 20–30 Minuten garen.

Der kulinarische Tipp ❅ Die Gelbschwanzmakrele hat ein festes aromatisches Fleisch. Bei hiesigen Fischhändlern gibt es asiatische «Yellowtails» aus Zuchtfarmen, die sich für diese Zubereitung auch eignen.

Nudeln mit Hummer (oben)
Gelbschwanzmakrele im eigenen Saft (unten)

Filetti di pesce con pinoli, aceto balsamico e pomodoro fresco

Fischfilet mit Pinienkernen und süss-sauren Tomaten

Im «Muciara» werden verschiedene Barscharten und Felsenfische filetiert zubereitet. Als Garantie für die Frische wird dem Gast der Fischkopf dazugelegt.

2–4 Meerfische, filetiert (brauner Zackenbarsch, Blaubarsch, Bartumber u. ä.)
Salz
Mehl zum Bestäuben
kaltgepresstes Olivenöl
200 g reife, aromatische Tomaten
1 Knoblauchzehe
100 g Pinienkerne
2 in Öl eingelegte Sardellenfilets
1 TL gesalzene, gewässerte Kapern
etwas gehackte Minze und Basilikum
2 TL Balsamessig

Die Fischfilets leicht salzen und mit Mehl bestäuben. In möglichst wenig Olivenöl beidseitig braten und warm stellen. Die Tomaten entkernen und würfeln. Den Knoblauch fein scheibeln und mit den Pinienkernen hellbraun rösten. Einen Teil der Pinienkerne herausnehmen und bereithalten. Die Sardellenfilets mit einer Gabel zerdrücken und mit den Kapern und Kräutern unter das geröstete Gemisch in der Pfanne mengen. Zum Schluss noch schnell die gewürfelten Tomaten zufügen und kurz sautieren. Die Pfanne sofort vom Feuer nehmen, damit die Tomatenwürfel nicht zerfallen. Den Fisch auf vorgewärmte Teller anrichten und mit dem roten Gemüse dekorativ umlegen. Mit etwas Balsamessig beträufeln und mit den aufbewahrten Pinienkernen bestreuen.

Reginette con pesce spada, pomodoro e mollica abbrustolita

Nudeln mit Schwertfisch, grünem Blattgemüse, Tomaten und Brotbröseln

«Mollica» sind nicht einfach Brotbrösel. In Sizilien gehören sie zur Kultur der «Cucina contadina». Sie entstand aus der schieren Not, wenn es an allem fehlte. «Mollica» ist denn auch nie das gleiche; die Brösel vermischen sich unter den Händen der Köchinnen stets spontan: mal mit Kräutern und Knoblauch, die es immer gibt, mal mit abgeriebener Zitronenschale oder Pinienkernen. Und immer ist die «Mollica» der Abschluss des Ganzen, das Tüpfelchen auf dem i.

Mollica:
100 g altbackenes Brot
1/2 TL Zucker
3 Tropfen Zitronensaft
1 EL trockener Marsala
Basilikum zum Garnieren

400 g Schwertfisch
250 g Tenerumi (siehe Seite 66) oder ein anderes Blattgemüse
200 g reife Tomaten
1 EL Mandeln, geschält
300 g breite Bandnudeln
1 Knoblauchzehe
2 in Öl eingelegte Sardellenfilets
kaltgepresstes Olivenöl
50 ml Weisswein
100 ml Fischfond
Salz
Pfeffer aus der Mühle

Für die «Mollica» das Brot entrinden, reiben und mit dem Zucker und ein paar Tropfen Olivenöl zu lockeren Bröseln vermischen.

Den Schwertfisch in mundgerechte Stücke schneiden. Die Tenerumi blanchieren und grob hacken, die Tomaten häuten, entkernen und würfeln. Die geschälten Mandeln rösten und hacken. Die Nudeln in reichlich Salzwasser al dente kochen.

Den Knoblauch hacken, die Sardellenfilets zerdrücken. Zusammen mit den Fischstücken in Olivenöl anbraten und mit Weisswein ablöschen. Die Tomaten und Tenerumi zufügen, salzen und vier Minuten dünsten. Abschmecken, die Mandeln darunter mengen und mit etwas heissem Fischfond auffüllen.

In einer beschichteten Pfanne die vorbereiteten Brotbrösel karamelisieren, mit Zitronensaft und Marsala ablöschen und einkochen lassen. Die gekochten Nudeln abtropfen lassen und unter das Fischragout mischen. Die «Mollica» darüber streuen und mit frischem Basilikum garnieren.

Der kulinarische Tipp ❋ Fischfond lässt sich gut auf Vorrat einfrieren. Das Grundrezept ist einfach: Fischgräten kalt wässern und mit zerkleinertem Gemüse (Lauch, Fenchel, Stangensellerie) in wenig Öl anziehen lassen. Mit Weisswein ablöschen, mit Wasser bedecken und mit Lorbeerblatt und Pfeffer würzen. 30 Minuten sachte köcheln, den Schaum abschöpfen und den Fond durch ein Tuch filtern.

Spigola e gamberoni panati

Wolfsbarsch und Riesengarnelen im Bröselpaket

Fisch vom Grill ist in Sizilien beliebt. Durch die Marinade und den Bröselschutz bleibt das Meeresgetier zudem saftig und aromatisch. Es ist eine klassische Zubereitung.

2 Wolfsbarsche, geschuppt und ausgenommen
8 Riesengarnelen
Salz
1 Zitrone
50 ml kaltgepresstes Olivenöl
1 TL Origano
150 g Brotbrösel

Die Fische auf der Bauchseite vom Schwanz bis zum Maul aufschneiden und flach ausbreiten. Die Garnelen schälen und den Darm entfernen. Etwas Salz, Zitronensaft, Olivenöl und Origano zu einer Marinade verrühren und mit dieser die Fische und Garnelen bestreichen. Dick in den Brotbröseln wälzen und diese leicht andrücken. Auf dem heissen Grill etwa 10 Minuten garen. Mit Zitronenschnitzen servieren.

Der kulinarische Tipp ❋ Der Grill muss wirklich sehr heiss sein, sonst wird die Bröselhülle pappig und der Fisch verliert den Saft.

Aber ja, natürlich, sagt dieser Bauer von Corleone, jeden Tag gehe er mit seinem Maultier auf die Felder: Um nach den Schafen zu sehen, aber auch nach den Bohnen, Oliven und Tomaten.

Das Dorf-Städtchen Prizzi liegt in einer berührenden wilden Landschaft im Hinterland von Palermo.

Ristorante Mulinazzo Villafrati

Die Strasse nach Villafrati ist auch die Verbindungsstrasse zwischen Palermo und Agrigent. Wer also zu sehr aufs Fahren achtet, schiesst leicht am Ziel seiner Gelüste vorbei. Das «Mulinazzo» von Antonio Graziano und Sabine Bour versteckt sich hinter Zitrusbäumen und Kakteen, und gäbe es den Verkehr nicht, könnte man die Zikaden in den Olivenhainen hören. Drinnen sitzt man in barocker Eleganz, umsorgt von der Patronne, einer Lothringerin. Sie zog mit ihrem Nino in den südlichsten Süden, «weil wir wieder dahin wollten, wo es Sonne gibt». Aus Frankreich brachte der Sizilianer nicht nur seine Frau mit, sondern auch die Erfahrungen und Vorlieben, die er auf seinen Wanderjahren gewonnen hatte. Die Einheimischen freut es, wenn er sie gelegentlich mit Gänseleber (aus Sabines Heimat) oder weissen Trüffeln (von seinem Cousin in Ligurien) überrascht, und sie geniessen die spielerischen Varianten bei den traditionellen Gerichten. Anfänglich hätten sie mehr Fleischgerichte serviert, weil sie ja schliesslich auf dem Lande seien, berichtet der Koch. Heute fahre er jeden Tag nach Palermo, um Fisch einzukaufen, «und die Palermitaner, die das Meer vor der Nase haben, kommen zu uns heraus, um bei uns Fisch zu essen. Die Welt ist verkehrt, oder nicht?», meint er lachend und gibt seiner jüngsten Tochter einen Kuss.

Calamaretti al profumo di arance

Gebratene Tintenfischchen mit Orange

Tintenfische jeglicher Art spielen eine grosse Rolle in der Mittelmeerküche. Kleine Kalmare sind am besten kurz gebraten so wie hier. Mit dem Aroma der Orangen zusammen sind sie purer Genuss.

500 g kleine Kalmare
1 Orange
kaltgepresstes Olivenöl
Salz und Pfeffer aus der Mühle

Die Kalmare waschen und abtrocknen. Den Kopf von den Tentakeln schneiden und wegwerfen, den Mantel in Streifen schneiden. Mit dem Zestenreisser die Orange schälen, den Saft auspressen. Etwas Olivenöl erhitzen. Darin die Tintenfische kurz und unter schnellem Rühren braten. Die Orangenzesten dazugeben und mit 2 Esslöffel Orangensaft ablöschen. Sofort auf vorgewärmten Tellern anrichten und mit Olivenöl beträufeln.

Der kulinarische Tipp ❋ Braten Sie solche Tintenfische schnell und bei grosser Hitze. So werden sie nicht zäh.

Timballo di tagliolini con triglie e finochietto selvatico

Nudelauflauf mit Meerbarben und wildem Fenchel

Das vielleicht typischste sizilianische Gericht aus Nudeln und Fisch heisst «Pasta con le sarde»: Spaghetti mit Sardellen, Pinienkernen, Sultaninen und wildem Fenchel. Antonino Grazianos Version duftet sehr mediterran.

Kaltgepresstes Olivenöl
Brotbrösel für die Förmchen
1 Zwiebel
1 Knoblauchzehe
500 g vollreife Tomaten
1 Lorbeerblatt
1 kleiner Peperoncino
Salz und Pfeffer aus der Mühle
50 g wilder Fenchel, ersatzweise kleine
Fenchelknollen mit Grün oder Dill
200 g Meerbarbenfilets
1/4 l Fischfond
1 Briefchen Safran (125 mg)
50 g Pinienkerne
50 g Sultaninen
320 g schmale Bandnudeln

Vier kleine Auflaufformen mit Öl auspinseln und mit Brotbröseln ausstreuen. Eine halbe Zwiebel und die Knoblauchzehe fein hacken und in Olivenöl glasig dünsten. Die halbierten Tomaten, das Lorbeerblatt und den Peperoncino zugeben und alles 30 Minuten köcheln. Mit Salz und Pfeffer abschmecken und durch ein Sieb streichen, vorher das Lorbeerblatt und den Peperoncino entfernen. Den Fenchel blanchieren, grob hacken und unter die Sauce heben. Warm halten.

In einer Bratpfanne etwas Olivenöl erhitzen. Die restliche Zwiebelhälfte fein schneiden und darin anziehen lassen. Die Meerbarbenfilets dazugeben und kurz von beiden Seiten anbraten. Mit Fischfond ablöschen und 3 Minuten dünsten. Den Safran, die Pinienkerne und die Sultaninen zufügen, mit Salz und Pfeffer abschmecken und noch weitere 2 Minuten köcheln. Den Fisch herausnehmen und warm halten.

Die Nudeln in sprudelnd kochendem Salzwasser halbwegs al dente kochen. Gut abtropfen lassen und mit der Fischsauce vermischen. In die vorbereiteten Auflaufförmchen füllen und 5 Minuten im 220 °C heissen Ofen gratinieren. Die Fenchel-Tomatensauce auf vorgewärmte Teller verteilen, den Auflauf aus den Formen lösen, darauf setzen und mit den Meerbarben umlegen.

Der kulinarische Tipp ❋ Vergleichen Sie das Rezept auf Seite 88.

Gebratene Tintenfischchen mit Orange (oben), Nudelauflauf mit Meerbarben und wildem Fenchel (unten).

Involtini di pesce con caponata croccante

Fischröllchen auf süss-saurem Gemüse

Das Gemüse dieser Caponata hat noch viel Biss, daher nennt der Koch sie «croccante». Ähnlich ist es mit den Garnelen für die Fischfüllung. Das Gericht vereint in sich verschiedene sizilianische Spezialitäten.

8 Fischfilets (ca. 600 g) von Seezunge oder Wolfsbarsch
200 g geschälte, rohe Garnelenschwänze
200 g Brot, ohne Rinde, in Milch eingeweicht
1 EL fein geschnittene Kräuter wie Basilikum, Petersilie, Minze
Salz und Pfeffer aus der Mühle

Caponata:
1 Zwiebel
1 Sellerieherz (die inneren Stangen vom Staudensellerie)
1 Aubergine
kaltgepresstes Olivenöl
100 g grüne, entsteinte Oliven
30 g gesalzene, gewässerte Kapern
50 g Pinienkerne
2 gehäutete Tomaten
1 1/2 EL Zucker
3–4 EL Balsamessig

Die Fischfilets flach ausbreiten. Die Garnelen grob hacken und mit dem ausgedrückten, zerzupften Brot und den Kräutern vermischen, mit Salz und Pfeffer abschmecken. Die Füllung auf die Fischfilets streichen und diese aufrollen. In ein eingeöltes Gratingeschirr legen, mit etwas Salz und Pfeffer bestreuen und mit Olivenöl beträufeln. Im 180 °C heissen Ofen etwa 10 Minuten garen.
Für die Caponata die Zwiebel in hauchdünne Streifen schneiden. Den Staudensellerie und die Aubergine klein würfeln. Das Gemüse nacheinander in heissem Olivenöl kräftig anziehen lassen. Die Hitze reduzieren und die Oliven, Kapern und Pinienkerne zufügen. Das Gemüse 5 Minuten auf kleiner Flamme dünsten. Danach die Hitze wieder verstärken und die gewürfelten Tomaten darunter mischen. Den Zucker und Balsamessig einrühren. Mit Salz und Pfeffer abschmecken und bei sachter Hitze weitere 3–4 Minuten dünsten. Auf vorgewärmten Tellern anrichten und die Fischröllchen darauf legen.

Der kulinarische Tipp ❋ Vergleichen Sie das Rezept mit anderen, wie Seite 40 oder Seite 116, Der kulinarische Tipp.

Wenn die Alten sich um den Fischfang kümmern, kümmert das die Jungen (vielleicht) weniger. Impressionen aus Mazaro del Valle, dem grössten Fischereihafen Italiens.

Cuscùs di verdura e di pesce

Kuskus mit Gemüse und Fisch

Der sizilianische Kuskus wird immer im Wasserdampf gegart. Und die Beilage dazu ist immer Fisch. In der Küche des «Mulinazzo» dampft unter dem Kuskus ein gewürzter Sud; und das bunte Gemüse dazu ist wichtig.

400 g Kuskus, nicht vorbehandelt
1 1/2 l Sud aus einem Kräuterbündel
(Bouquet garni), Fischabschnitten und Gräten
Salz
kaltgepresstes Olivenöl
1 Zwiebel
1 Aubergine
1 Zucchini
3 Tomaten
1 Prise Chilipulver
ca. 1 l Fischfond
320 g Fischfilets (Seezunge, Wolfsbarsch oder Petersfisch)
frische Kräuter zum Garnieren

Den Kuskus mit Wasser und Olivenöl vorbereiten, wie auf Seite 87/88 beschrieben, leicht salzen und im Dampf des Suds 1 1/2 Stunden garen. In eine vorgewärmte Schüssel geben, mit einem feuchten Tuch abdecken und warm halten. Für das Gemüse die Zwiebel hacken, die Aubergine und die Zucchini fein würfeln. Die Tomate häuten, entkernen und ebenfalls würfeln. Das Gemüse nacheinander in heissem Olivenöl andünsten. Mit Fischfond ablöschen, mit Chilipulver würzen und etwas köcheln lassen. Die Fischfilets in breite Streifen schneiden und würzen. Auf das Gemüse legen und 5 Minuten garen.
Den Kuskus in vier eingeölte Savarinförmchen füllen, etwas andrücken und auf vorgewärmte Teller stürzen. Mit dem Gemüse dekorativ umgiessen. Die Fischstreifen darauf legen und mit frischen Kräutern garnieren.

Der kulinarische Tipp Vergleichen Sie die Rezepte Seite 87 und Seite 92.

Gelatina di mandarino

Mandarinengelee

Fruchtgelees werden in Sizilien mit Speisestärke zubereitet. Hier dagegen wird Gelatine verwendet, die ein klareres Gelee ergibt. Sein Aroma ist auch intensiver, weil der Mandarinensaft nicht mit Zuckersirup versetzt wird.

400 ml frisch gepresster Mandarinensaft
80 g Zucker
3 Gelatineblätter
kandierte Mandarinenzesten, Mandarinenblätter oder frische Früchte zum Garnieren

Den Mandarinensaft filtern und mit dem Zucker vermischen. Die Gelatineblätter in lauwarmem Wasser einweichen, ausdrücken und zum gezuckerten Mandarinensaft geben. Im Wasserbad unter Rühren sachte erwärmen, bis sich Zucker und Gelatine aufgelöst haben. In kalt ausgespülte Puddingförmchen füllen und zum Gelieren mindestens 1 Stunde in den Kühlschrank stellen. Vor dem Stürzen die Förmchen kurz in heisses Wasser tauchen. Das Gelee nach Gusto garnieren.

Ortschaften wie Corleone werden es gegen vorgefasste Meinungen noch lange schwer haben.

Conca d'Oro und Santa Macchina

Europas geistiger Elite, die in den beiden letzten Jahrhunderten nach Sizlien strömte, prägte sich ein und dasselbe Bild ein: Die weit geschwungene Küste von Palermo mit dem Monte Pellegrino auf der einen und dem Kap Zafferana auf der anderen Seite, strotzend vor Pflanzen und Bäumen, aus denen die Orangen leuchteten. Dieser Eindruck gab der Bucht ihren Namen, «Conca d'Oro», goldene Muschel. Den Namen hat sie noch heute, auch wenn das Gold verschwunden ist. Die Stadt, einst als «Perle» darin eingeschlossen, wuchert heute in alle Richtungen.

Palermo wurde 831 von den Arabern erobert und zur golden leuchtenden Hauptstadt mit Zitrusgärten, prachtvollen Moscheen, Dampfbädern und Palästen gemacht. Es war eine kosmopolitische, gebildete Gesellschaft, die sie bewohnte. Ein arabisch-orientalischer Hauch weht noch im Gassengewirr der historischen Viertel, die sich um die Kreuzung Quattro Canti verteilen. Man findet ihn auch im Geruch und in den Farben der Märkte Vucciria, Ballarò und

Wegen ihrer «schamlosen» Figuren erhielt die Piazza Pretoria den Übernamen «Piazza Vergogna», Platz der Schande.

Goethe war von den grotesken Figuren an der Villa Palagonia schockiert. Bagheria, wo dieser Palast steht, war einst das ländliche Vorstadtgebiet, wo der Adel wohnte. Die ehemals prachtvollen Residenzen gehen in der wuchernden Conca d'Oro unter.

Mercato del Capo und im archaischen Singsang der Händler, wenn sie die Käufer umwerben. Der Fürst im Roman von Giuseppe Tomasi di Lampedusa wurde nachts überwältigt von «dem islamischen Parfüm» der Stadt. Aber «der Leopard» wohnte auch in einem anderen Viertel und in einer anderen Epoche.

Golden funkeln noch die Kirchen der Normannen. Ein Schmuckstück aus christlichen-islamischen Elementen ist Santa Maria dell'Ammiraglio. Später wurde sie in das Kloster der Benediktinerinnen von Martorana integriert – ein Name, der an diesseitige, süsse Verführungen erinnert: an das Marzipan. Auf einer Anhöhe über der Stadt liegt die Kathedrale von Monreale. Auch hier arbeiteten Kunsthandwerker aus der ganzen damaligen Welt, dem Morgen- und dem Abendlande, an den geschnitzten Girlanden der Säulen, den Marmorverkleidungen, den Mosaiken und den Blendarkaden aus Tuff. Johann Wolfgang von Goethe, der 1787 in Sizilien den «Schlüssel zu allem» entdeckte, ignorierte den Ort. Anders König Juan Carlos von Spanien. Als er im Oktober 1998 Palermo besuchte, wurde Monreale generalstabsmässig abgeriegelt. Das Lächeln des Monarchen grüsste auf Plakaten monatelang weiter.

Nach der Eroberung Siziliens durch die Spanier im fünfzehnten Jahrhundert errichtete der gesamte einheimische Adel seine Paläste in der Nähe des Vizekönigs, also in der Hauptstadt. Auf die arbeitende Landbevölkerung hatte diese Gewichtung zum Teil katastrophale Folgen. Auch Palermo spürte sie, indem sich das Proletariat und die Armenviertel ausbreiteten. Einen Nachgeschmack der alten aristokratischen Ordnung bekommt man in Bagheria, wo der Prinz von Butera, als er sich hier eine Sommerbleibe errichtete, eine Modewelle unter seinesgleichen auslöste. Skurril grinsen die Steinskulpturen der Villa Palagonia, während der Saal mit der Spiegeldecke, die nun braun und erblindet ist, nicht einmal mehr nostalgisch stimmt. Palermos heutiger Adel residiert auf der anderen Seite der Bucht in Mondello. Der Jugendstil mancher Gebäude zeigt, dass auch dieser Stand nicht mehr der neueste ist.

Die Vielfalt an Einflüssen, Stilrichtungen und Epochen wirkt faszinierend auf Palermos Besucher. Aber die Stadt stösst auch ab. Man muss sie sich erobern, und das heisst Lust haben, sie zu erobern, so wie sie immer erobert wurde. Längst nicht mehr bestimmen die Kaleschen der Patrizier, die zum Eisessen ans Foro Italico fuhren, das Bild, sondern das Heiligtum aller Italiener: la Santa Macchina. Mit dem Auto sind alle Palermitaner endlich gleich geworden, zu Herren wie zu Untertanen. Mit ihm mähen sie sich durch Gassen und Quartiere. Sie freuen sich, wenn es einen Gehsteig gibt, worauf sie das Automobil abstellen können, und wenn die Strasse breit genug ist, parken sie gleich in mehreren Reihen nebeneinander. Die heilige Rosalia, der heilige Domenikus und die heilige Anna husten zwar, aber das hört im Knattern der Auspuffrohre keiner mehr.

Der Dom von Monreale und sein Kreuzgang sind das schönste Beispiel des arabisch-normannischen Baustils.

Palermos chronisch verstopfte Strassen sind berüchtigt. Es gibt zwar gut funktionierende öffentliche Verkehrsmittel, aber den Gang zum nächsten «Tabacchi», in die nächste Bar macht keiner zu Fuss.

Prestano

Ein Weingarten am Ende der Welt

Eine Reise ist der Besuch in Regaleali noch immer. Zwar macht es die Autobahn ein Stück weit bequemer, doch irgendeinmal beginnen die Strässchen, die Kurven und Windungen und dazu die Einsamkeit, wie sie nur Siziliens Gebirgslandschaft auszudrücken vermag. Wenn die ausgedörrten Weizenfelder in Wellen flimmern, taucht Regaleali als wohltuende Oase auf. Die mit Reben bepflanzten, sich ineinanderschiebenden Buckel ergeben ein Muster, das an Frankreichs Burgund erinnert. Oliven- und Mandelbäume reihen sich dazwischen, knorrige Rosmarinbüsche leuchten blau. Die Farbe wiederholt sich an den Türen und Einfassungen der Gutsgebäude; der alte, 1998 verstorbene Graf Giuseppe liess sie einmal in Erinnerung an Tunesien anbringen, dieser Graf, der auch Regaleali als Weingut berühmt machte und mit seinen Weinen einen Massstab für Sizilien setzte. Sein «Rosso del Conte» aus den einheimischen Rebsorten Perricone und Nero d'Avola misst sich heute mit den grossen Weinen der Welt.

Rund fünfhundert Hektaren gross ist das Gut der Grafen Tasca d'Almerita. Die Reben nehmen etwa sechzig Prozent ein. Neben den autochthonen Sorten werden auch die edlen französischen gepflegt; die reinsortigen Chardonnay und Cabernet Sauvignon holen sich regelmässig die höchsten Auszeichnungen. Dazu gibt es die Versuchsparzellen, auf denen in Zusammenarbeit mit dem regionalen Weinbauinstitut ständig Neues getestet wird. So hat 1998 die Weinlese zum ersten Mal mit maschineller Hilfe stattgefunden. Und bei unserem letzten Besuch im Februar 1999

Regaleali machte im Herbst 1998 den ersten Versuch mit maschineller Traubenlese. Die schon älteren «Rosso del Conte»-Rebstöcke werden aber schonend von Hand abgelesen.

Zu Füssen des Gutshauses breiten sich Welle um Welle Weinberge, Olivenhaine und Obstgärten aus.

befand sich die ganze Kellerei im Umbau, um die Technologie auf den modernsten Stand zu bringen. Als in den sechziger Jahren Conte Giuseppe ins Weingeschäft einstieg, motivierte ihn finanzieller Druck. Immerhin war der frühere Feudalbesitz mehr als doppelt so gross gewesen. Das war vor der Aufhebung der Latifundienwirtschaft im Jahre 1954. Und der Graf hatte Nachkommen, denen er für die Zukunft etwas mitgeben wollte.

Durch seine Vorreiterrolle auf dem spiegelglatten Parkett des Weinmarkts hat er auch indirekt etwas für Siziliens Zukunft getan. Wobei Regaleali allerdings von seiner Lage und dem Mikroklima her einzigartig bleibt. Kenner vergleichen seine Weine eher mit denen aus dem Norden. Als vor dreissig Jahren der erste «Rosso del Conte» vorgestellt wurde, tippte keiner auf einen sizilianischen Wein. Die Reben dieses Gutes wachsen bis auf einer Höhe von sechshundert Metern und dies mitten in der Insel, wo die Temperaturen zwischen Tag und Nacht und zwischen Sommer und Winter extrem sind. Hinzu kommt die Trockenheit, die eine eigene Traubenqualität hervorbringt. Die Kunst der heutigen Weinbauern liegt nicht zuletzt darin, derlei Bedingungen zum Vorteil zu nutzen. Auf Regaleali werden denn die Trauben bei optimaler Reife gelesen, das bedeutet, dass sich die Ernte auf zwei bis drei Monate ausdehnt. Zum guten Gedeihen gibt man ihnen viel Luft und Raum und zieht sie lieber weg von der kochend heissen Erde.

Als der alte Graf 1985 die goldene Hochzeit mit seiner Frau feierte, widmete er diesem Anlass einen Weisswein, den «Nozze d'Oro». Er ist das Gegenstück zum «Rosso del Conte». Sein Hauptmerkmal sind die teils wilden, teils schmeichlerischen Aromen. Sie stammen von einer nicht klassifizierten Rebsorte, die man auf dem Gut behelfsmässig Sauvignon-Tasca nennt. Der Wein erregt weniger Aufsehen als der Chardonnay desselben Gutes. Vielleicht weil er etwas von der Seele Siziliens zum Ausdruck bringt.

Die beiden Enkel des legendären Grafen Giuseppe Tasca d'Almerita rücken im Familienbetrieb nach: links Graf Alberto, rechts Graf Giuseppe.

Graf Lucio Tasca d'Almerita waltet seit dem Tod seines Vaters, Graf Giuseppe, offiziell als Oberhaupt der Familie und des Weingutes auf Regaleali.

Ein Graf, ein neues Oberhaupt und Fragen überhaupt

• *Graf Lucio Tasca d'Almerita, seit dem Tod Ihres Vaters, Conte Giuseppe, Anfang 1998, sind Sie das Oberhaupt der Familie und auch des Weinguts auf Regaleali. Wie fühlen Sie sich in der neuen Rolle?*

Seit 1985 habe ich auf Regaleali freie Hand. Das betrifft vor allem die Investitionen. Doch habe ich immer für meinen Vater gearbeitet, wenn Sie so wollen, und ich habe es gern gemacht. Als ich dann seine Stelle als Familienoberhaupt einnehmen musste, bereitete mir dies kein so grosses Vergnügen. Vielleicht sieht das eigenartig aus, doch liegt es mir offenbar besser, im Hintergrund zu sein, um das machen zu können, was mir gefällt. Heute bewege ich mich ständig zwischen Regaleali und Palermo. Dabei bin ich hier auf dem Land geboren als Bauer und bin hinter dem Grossvater hergerannt, der wie ich Lucio hiess. Dann half ich meinem Vater und übernahm in den letzten Jahren zunehmend die Geschäfte.

• *Es muss nicht einfach sein, einerseits ein traditionsreiches Erbe zu übernehmen, anderseits ein Geschäft auf dem modernsten Stand zu halten.*

Ja, gerade heute, wo sich alles schnell entwickelt. Doch das macht mir eigentlich keine Mühe. Schwieriger scheint mir, als der Boss von alledem aufzutreten. Ich war nie auf diese Rolle erpicht.

• *Regaleali ist ja, juristisch gesehen, auch kein Familienbetrieb mehr, sondern eine Aktiengesellschaft. Erschwert das die Rolle?*

Ach, wissen Sie, der entscheidende Schritt wurde schon Ende der siebziger Jahre vollzogen. Ich habe drei Schwestern, das macht mit mir zusammen vier Erben, nur dass man ein solches Gut nicht einfach durch vier teilen kann. Durch die Gründung einer Gesellschaft hingegen ist der Fortbestand gesichert, und alle profitieren gleichermassen davon. Es war kein leichter Entscheid. Auch meine Schwestern mussten sich erst an den Gedanken gewöhnen, und mein Vater war kein alleiniger Gutsherr mehr.

• *Das Weingut Regaleali erinnert in manchem an Frankreich. Gehen wir zum Beispiel von Bordeaux aus, wo die berühmten Châteaux mit einer ähnlichen Geschichte beginnen, mit einer Familie am Anfang und einer wortwörtlichen anonymen Gesellschaft am Schluss. Macht dieser Gedanke Angst?*

Regaleali ist seit 1830 im Besitz der Tasca d'Almerita. Es war damals ein weit grösseres Gut als heute. Wir sind jetzt in der fünften und sechsten Generation, und ich hoffe, dass es so weitergeht. Aber in die Zukunft blicken kann ich nicht.

• *Nun gilt ja Regaleali als Vorreiter für Siziliens Weine. Verpflichtet Sie diese Tatsache noch in anderem Sinne?*

Das Gefühl für Verantwortung bekommt man mit der Erziehung. Adel reduziert sich nicht einfach auf den sozialen

Stand. So haben wir uns, durch unsere Weine, immer als Siziliens Botschafter verstanden. Jährlich empfangen wir über dreitausend Besucher auf unserem Gut. Diese essen mit uns, verkosten unsere Weine. Es sind alle Arten von Menschen darunter, und alle gehen beeindruckt nach Hause. Ich will damit sagen, dass wir in unserem privaten Rahmen ein Stück Sizilien vermitteln. Man isst und trinkt gut bei uns, es gibt schöne Sachen zu sehen. Nun ja, das ist doch die beste Werbung. (Der Conte lacht.)

• *Während unseren Reisen durch Sizilien haben wir den Eindruck bekommen, dass sich das Land bewegt. Anderseits bestehen sehr hohe Erwartungen, und entsprechend gross könnten die Enttäuschungen sein. Sehen Sie das anders?*

Nein, das stimmt. Wir Sizilianer haben einen steilen Aufstieg gemacht, aber vielleicht zu steil, so dass wir jetzt aufpassen müssen, um nicht rückwärts runterzufallen.

• *Was könnte man tun, um den Absturz zu verhindern?*

Als erstes gegen die Mafia kämpfen. Das ist Siziliens grösstes Problem. Die Richter haben bis jetzt gute Arbeit geleistet. Auch glaube ich, dass die gegenwärtigen Linksparteien dem Süden grössere Aufmerksamkeit schenken. Das hilft. Und dann (der Conte spricht ganz schnell) muss man auch optimistisch sein. Ich war immer Optimist.

• *Um «Siziliens grösstes Problem», wie Sie sagen, zu bekämpfen, müsste man sich jedoch zusammentun. Oder nicht? Wir haben so viele grossartige Menschen angetroffen, und alle sind sie Einzelkämpfer.*

Sie scheinen uns ja gut zu kennen. (Er lacht.) Tatsächlich bin ich einmal gescheitert, als ich mit anderen Unternehmern eine Vereinigung gründen wollte. In der Politik braucht man eine Lobby, gerade auf kommunaler Ebene, wo die Einzelkämpfer zu wenig wahrgenommen werden. So ist also auch meine Vereinigung nicht zustande gekommen. Einfach vielleicht, weil die Zeit dafür noch nicht reif war. Ich habe das Projekt jetzt wieder aufgenommen.

• *Ein anderer Satz, den wir von Sizilanern hörten, war: «Jetzt sind wir Europäer.» Und es klang hoffnungsvoll.*

Ich weiss nicht, ob sich durch Europa etwas verbessert. Verstehen Sie mich recht. Europa ist sehr wichtig. Nur wenn sich etwas verbessern soll, muss man die Einstellung vieler Sizilaner ändern. Es ist nun mal eine Tatsache, dass man hier im Süden dreimal soviel arbeiten muss wie im Norden, um auf dasselbe finanzielle Niveau zu kommen. Ich gebe Ihnen ein Beispiel, das mich schockierte, als ich es ausrechnete: Wenn ich Kapseln für unsere Weinflaschen in Varese (in Norditalien) bestelle, bezahle ich höhere Transportkosten als Herr Mondavi, der sich die Kapseln nach Kalifornien liefern lässt. Es ist ein Beispiel von vielen, und es zeigt deutlich, dass es in Sizilien auch in Zukunft nicht leicht sein wird. Sizilien ist trotz allem eine Insel und dazu noch eine Insel im Süden.

(Dieses Gespräch führten wir am 10. Februar 1999 auf Regaleali. Es ist hier in einer gekürzten Fassung widergegeben.)

Ristorante Egadi Favignana, Isole delle Egadi

Die Ägadischen Inseln sind mit ihren Kalkfelsen und Höhlen ein Paradies für Taucher. Die grösste ist Favignana, die wegen ihrer Form auch «der Schmetterling» heisst. Sie hatte wechselnde Besitzer; das sichtbarste Denkmal hinterliess die Familie Florio, der die Thunfischfanganlage am Hafen gehörte. Der Thunfischfang war denn auch lange das Brot dieser Insel; heute ist er ein Spektakel für Touristen. Eine gewisse Wohlhabenheit drückt die saalähnliche Piazza vor der Chiesa Madre aus, von wo kopfsteingepflasterte Gässchen in alle Richtungen verschwinden. Hier auch versteckt sich das Haus der Schwestern Guccione, Giovanna und Maria. Beide wirkten als Lehrerinnen, bis sie das kleine Hotel, das ihnen ihre Eltern hinterliessen, übernahmen. Das war vor rund dreissig Jahren. Doch die Aura der Schulstuben wirkt, wenn auch subtil wie eine winzige Prise Paprika, bis heute nach. Nicht unsympathisch. Maria ist eine engagierte Kennerin der Inseln und Giovanna eine Expertin der regionalen Traditionen. Ihre Fischküche zählt zu den besten der ganzen Gegend.

Der Originaltopf zum Dämpfen von Kuskus ist die «Cuscusiera» oder «Mafaradda» aus Keramik. Stolz präsentiert ihn hier die Köchin des Albergo-Ristorante Egadi in Favignana.

Tonno alla menta

Gesottener Thunfisch in Minzensauce

Der grosse rote Thunfisch bildete den Reichtum aller Mittelmeerfischer, vor allem der sizilianischen. Manche Küstengebiete waren gespickt mit sogenannten «Tonnare» oder Thunfischfanganlagen, in denen die wandernden Kolosse gefangen und geschlachtet werden. Am begehrtesten ist das Bauchstück vom frischen Thunfisch, die «ventresca», weil sie fett und saftig ist. Auch die Japaner schätzen dieses Stück für ihre Sushi.

400 g Thunfisch, am besten ein Bauchstück
Salz
1 Bündchen Petersilie
1/2 Bündchen Minze
1/2 EL Pinienkerne
einige Tropfen Zitronensaft
100 ml kaltgepresstes Olivenöl

Den Thunfisch in Ragoutstücke schneiden und in Salzwasser drei Minuten pochieren. Herausnehmen und abtropfen lassen. Die abgezupften Kräuterblätter mit den Pinienkernen im Mixer pürieren. Leicht salzen, ein paar Tropfen Zitronensaft und das Olivenöl dazugiessen und alles zu einer dünnflüssigen Paste vermischen. Den ausgekühlten Fisch damit überziehen und als Vorspeise servieren.

Cùscusu all'isolana

Kuskus mit Languste

Kuskus mit Fisch ist typisch für Westsizilien, vor allem für die Provinz Trapani. Ursprünglich wurde der Fisch zu einer Suppe gekocht und mit dieser das Getreide durchtränkt. Giovanna Guccione lässt ihre Gäste zwischen der alten Art und einer reicheren, «all'imperatrice», wählen: denn so eine Languste von den Inseln ist nichts Alltägliches.

400 g Kuskus, nicht vorbehandelt
1/8 l Wasser
4 EL kaltgepresstes Olivenöl
1/2 TL Salz
5 ganze Pfefferkörner
1 fein gewürfelte Zwiebel
1/2 EL fein geschnittene Petersilie
2 Lorbeerblätter
1 TL Kapern

Fischsuppe:
1 Zwiebel
2 Knoblauchzehen
1 Bündchen Petersilie
2 Lorbeerblätter
kaltgepresstes Olivenöl
1 kleine Fenchelknolle
2–3 Tomaten
1 Stück Peperoncino
Salz
1 kg gemischte Fische, je nach Grösse ganz oder in Tranchen (brauner Zackenbarsch, Rotbarbe, Knurrhahn, Drachenkopf u. ä.)
2 l Wasser
1–2 Langusten

Kuskus mit Languste.

Den Kuskus auf die Arbeitsfläche streuen und mit etwas kaltem Wasser bespritzen. Dies mit den Handflächen und Fingern in die Körner einmassieren, wieder Wasser darüber spritzen und in die Körner reiben, bis sie gesättigt scheinen. Dieser Vorgang dauert etwa 8 Minuten. Nun auch das Öl nach und nach darüber träufeln und in das Getreide reiben, damit es nicht zusammenklebt. Mit den restlichen Zutaten locker vermischen. Offen in einem Dämpfsieb über siedendem Wasser 1 1/2 Stunden quellen lassen.
In der Zwischenzeit für die Fischsuppe Zwiebel, Knoblauch und Petersilie hacken und mit den Lorbeerblättern in Olivenöl andünsten. Den Fenchel und die Tomaten würfeln, in der angegebenen Reihenfolge zugeben und mit Peperoncino schärfen. Die vorbereiteten Fische darüber legen und salzen. Mit etwa 2 Liter Wasser aufgiessen und eine knappe halbe Stunde köcheln lassen. Dann durch ein Sieb giessen und die Brühe in den Topf zurück schütten. Das Fischfleisch in möglichst grossen Stücken von den Gräten lösen und zugedeckt warm halten.
Den fertig gedämpften Kuskus in eine vorgewärmte Schüssel stürzen und mit 1/4 l heisser Fischbrühe übergiessen. Mit einem Tuch abdecken und an der Wärme 20 Minuten durchziehen lassen.
Die Languste kopfüber in sprudelnd kochendes Wasser tauchen, um sie zu töten. Herausheben und mit einem Schlagmesser halbieren. Die Hälften, mit der Schale nach unten, in der Fischbrühe 8 Minuten pochieren. Zusammen mit den Fischstücken auf dem Kuskus anrichten. Die restliche Fischbrühe getrennt als Sauce dazu servieren.

Der kulinarische Tipp ❊ Lesen Sie den Text über Kuskus, Seite 96.

Pasta con le sarde

Spaghetti mit Sardellen und Fenchel

«Pasta con le sarde» ist ein ursizilianisches Gericht. Die Aromen von Fenchel und Fisch, gepaart mit Pinienkernen und Sultaninen, verraten arabische Einflüsse.

300 g wilder Fenchel, ersatzweise ganz kleine Fenchelknollen mit Kraut
1 Zwiebel
kaltgepresstes Olivenöl
2 in Öl eingelegte Sardellenfilets
1/2 EL Pinienkerne
1/2 EL eingeweichte Sultaninen
etwas Safranpulver
Salz und Pfeffer
Mehl
350 g frische Sardellen, ohne Kopf und Gräten
400 g Spaghetti

Den Fenchel in Salzwasser halbweich garen, herausnehmen und grob hacken. (Das Fenchelwasser zum Spaghettikochen aufbewahren.) Die Zwiebel fein schneiden und zusammen mit dem Fenchel in Olivenöl andünsten. Die Sardellenfilets mit einer Gabel zerdrücken und zugeben, ebenso die Pinienkerne und die eingeweichten Sultaninen. Das Safranpulver in etwas Wasser auflösen und einrühren. Die frischen Sardellen aufklappen, so dass beide Filets flach nebeneinander liegen, und würzen. Leicht einmehlen und beidseitig braten.
Die Spaghetti im Fenchelwasser al dente kochen und abtropfen lassen. Mit dem gedünsteten Fenchelgemisch und einem Teil der gebratenen Sardellen vermischen. Die anderen Sardellen dekorativ darüber legen.

Der kulinarische Tipp ❊ Wilder Fenchel lässt sich schlecht ersetzen. In diesem Rezept jedoch hält der Anisgeschmack von gezüchteten Fenchelknollen den anderen Aromen gut die Waage.

Fichi al forno

Im Ofen überbackene Feigen

In den windgeschützten, alten Tuffsteinbrüchen, die den Nordosten von Favignana durchziehen, haben es die Feigenbäumen am liebsten. Früher legte man ihre Früchte auf Gitter und trocknete sie an der Sonne.

8 frische Feigen
8 geschälte Mandeln
1 Zitrone
1 EL Zucker
20 g Butter

Von den gewaschenen Feigen den Stielansatz wegschneiden und die Früchte kreuzweise einschneiden. Die Mandeln grob hacken, die Zitronenschale abreiben und beides in die Schnittflächen der Früchte drücken. Den Saft der halben Zitrone darüber träufeln und Zucker darüber streuen. Eine Backform mit Butter ausstreichen. Die Feigen mit der Schnittstelle nach oben hineinsetzen und mit Butterflöckchen belegen. Im 230 °C heissen Ofen 12 Minuten backen. Abgekühlt – aber nicht eiskalt – geniessen.

Im Ofen überbackene Feigen.

Ristorante Monte San Giuliano Erice

Mit seinen engen Gassen, eigentlichen Schluchten zwischen Palastmauern, wirkt das sagenumwobene Eryx streng. Wenn der Nebel um den Berg streicht, sogar unheimlich. Einen Kontrast, der nicht grösser sein könnte, bewirken die ach so süssen Dolci aus Marzipan und kandierten Früchten, für die Erice berühmt ist. Ihr schwerer Duft vermischt sich mit der Würze von Kuskus, der aus dampfenden Töpfen aufquillt – auch in der Küche des «Monte San Giuliano», das sich in ein Labyrinth aus Torbögen, Treppchen und Mäuerchen einfügt. Andrea Coppola und Matteo Giurlando regieren mit einer kleinen Brigade dieses verwunschene Reich. Das Restaurant, das bei Einheimischen wie bei Touristen beliebt ist, hat sich für einen Mittelweg zwischen traditioneller Küche und mediterraner Offenheit für Neues entschieden. Als ihr erstes Gebot nennen die beiden Patrons die Frische der Produkte, was bei Sizilianern «taufrisch» bedeutet. Aus diesem Grund sei ihre Küche spontan – eine, die sich auf den Tag einstellt und auf die Jahreszeiten. Neben Fisch und Kuskus spielt die hausgemachte Pasta eine grosse Rolle. Für ihre Busiate – Trapaneser Makkaroni – sind sie berühmt.

Panelle

Frittierte Plätzchen aus Kichererbsenmehl

Die «Panelle» stammen aus der traditionellen Strassenküche Palermos. Ähnlich wie bei uns die Crêpes, kann man sie an Frittierständen kaufen, um sie an Ort und Stelle mit Brot zu geniessen. Zum Aperitif serviert, wie im «Monte San Giuliano», werden sie salonfähig.

120 g Kichererbsenmehl
400 ml Wasser
½ TL Salz
Öl zum Frittieren

Das Mehl im Kranz in eine Schüssel sieben. Etwas Wasser in die Mitte giessen, mit etwas Mehl verrühren, weiter Wasser dazugiessen, salzen und weiterrühren, bis ein dünnflüssiger Teig entstanden ist. Diesen vorsichtig aufkochen und dabei ständig rühren, damit er nicht anbrennt. Sobald der Teig eine breiige Konsistenz hat, den Topf vom Feuer ziehen. Eine flache Platte kalt abspülen. Den Teig darauf giessen, mit einem Spachtel ½ cm dick verstreichen und etwas abkühlen lassen. Danach in 3 x 5 cm grosse Stücke schneiden und im heissen Öl goldbraun ausbacken. Auf Küchenpapier abtropfen lassen und noch warm als Schnabulierkost servieren.

Der kulinarische Tipp ❄ «Orientalisch» schmecken die «Panelle», wenn Sie Gewürze in den Teig streuen.

Busiate al pesto trapanese

Spiralenmakkaroni mit Trapaneser Pesto

In Palermo sind «Busiate» einfache Makkaroni (siehe Seite 44). In Trapani sind es Makkaroni in Spiralenform. Vor Jahren waren sie aus der Mode gekommen, weil Generationen vorher sich daran satt gegessen hatten. Nun fragen die Jungen und auch die Touristen wieder danach, so dass immer mehr Restaurants diese kniffligen Teigwaren wieder selber herstellen.

Makkaroni wie im Rezept Seite 44 oder
400 g Fusilli oder Riccioli

Tomatenpesto:
80 g geschälte Mandeln
2 Knoblauchzehen
1 Bund (100 g) Basilikum
400 g vollreife Tomaten
Salz
100 ml kaltgepresstes Olivenöl

Für den Trapaneser Pesto die geschälten Mandeln mit dem Knoblauch und den Basilikumblättern im Mixer zu einer Paste verarbeiten. Die Tomaten häuten, entkernen und in den Mandelbrei mischen. Zum Schluss vorsichtig salzen und das Olivenöl einarbeiten.
Die Teigwaren im Salzwasser al dente kochen, gut abtropfen und heiss mit dem Pesto vermengen.

Spigola al sale

Wolfsbarsch in der Salzkruste

Die Salzteiche von Trapani liegen zu Füssen von Erice. Das Meer vor dieser Küste hat die besten Fische. Und die typisch mediterrane Zubereitung ohne Schnickschnack und Firlefanz bekommt ihnen am besten.

2 Wolfsbarsche von je etwa 600 g
800 g grobes Meersalz
kaltgepresstes Olivenöl
Zitrone

Die geschuppte Haut der ausgenommenen Fische mit Olivenöl einreiben. Eine ½ cm dicke Salzschicht auf ein mit Öl bestrichenes Blech streuen. Die Fische darauf legen, mit Salz bedecken und dieses gut auf der Haut andrücken. (Darauf achten, dass die Salzkörner nicht den offenen Fischbauch füllen!) Im 230 °C heissen Ofen rund 15 Minuten backen. Vor dem Servieren die Salzkruste aufschlagen und entfernen. Den Fisch am Tisch filetieren und pur mit feinstem Olivenöl und einer Spur Zitrone geniessen.

Der kulinarische Tipp ❄ Wenn Sie trockenes Meersalz verwenden, machen Sie es vor Gebrauch mit einem Spritzer Wasser feucht. Eiweiss, wie es in ähnlichen Rezepten vorkommt, brauchen Sie nicht.

Wolfsbarsch in der Salzkruste.

Cùscusu alla trapanese

Kuskus mit Fisch

Ein richtiger Trapaneser Kuskus, sagt Matteo Giurlando, müsse sich mit den Aromen der Fischsuppe vollgesogen haben. Je länger er darin ziehen könne, umso besser schmecke er. Am besten schmecke Kuskus eigentlich aufgewärmt. Aber so etwas könne man in keinem Restaurant anbieten.

400 g Kuskus, nicht vorbehandelt
1/8 l kaltes Wasser
4 EL kaltgepresstes Olivenöl
1 fein geschnittene Zwiebel
Salz und Pfeffer aus der Mühle
2 Lorbeerblätter

Kuskus mit Fisch.

Fischsuppe:
1 Zwiebel
2 Knoblauchzehen
1 Stengel Bleichsellerie
1 Bündchen Petersilie
2 Lorbeerblätter
kaltgepresstes Olivenöl
2 Tomaten
Salz und Pfeffer aus der Mühle
1 Petersfisch
1 Drachenkopf
1 Zackenbarsch
2–4 Meerbarben

Wie auf Seite 87/88 beschrieben, den Kuskus mit Wasser und Öl vorbereiten und mit den Würzzutaten locker vermengen. Im Dämpfeinsatz garen. Die Suppe vorbereiten, aber hier die Fische ganz und in der Reihenfolge ihrer Grösse entsprechend in die bereits siedende Brühe geben. 10–12 Minuten bei kleinem Feuer ziehen lassen. Herausnehmen, die Filets von den Gräten lösen und zugedeckt warm halten. Die Brühe passieren, 1/4 l heiss über den angerichteten Kuskus giessen und zugedeckt an der Wärme ruhen lassen. Mit den Fischstücken belegen und servieren. Die Fischbrühe als Sauce getrennt dazu reichen.

Der kulinarische Tipp Damit kein Dampf entweicht, verkleben viele Kuskus-Köche den Topfrand mit einem Strang aus einfachem Mehlteig.

Der dorische Tempel von Segesta fasziniert noch heute.

Sizilien ohne seine Prozessionen ist unvorstellbar. Im Mai finden sie überall zu Ehren der Madonna statt, dann gibt es sie zu Ehren der Ortsheiligen, an grossen und kleinen Kirchenfesten.

Involtini di pesce spada al salmoriglio

Schwertfischröllchen mit Salmoriglio-Marinade

Schwertfischröllchen sind Siziliens beliebteste Röllchen-Variante. Im «Monte San Giuliano» ist ein ganzer Fisch am Morgen frisch angeliefert worden und die Köche haben ihn anschliessend zerlegt.

400 g dünn geschnittene Schwertfischschnitzel
150 g Schwertfisch am Stück oder auch Abschnitte
1 kleine Zwiebel
kaltgepresstes Olivenöl
2 EL Weisswein
Salz und Pfeffer aus der Mühle
1 EL Brotbrösel
evtl. 1 EL Wasser

Salmoriglio-Marinade:
Saft von 1/2 Zitrone
1/2 Knoblauchzehe, gepresst
1 Prise getrockneter Oregano
50 ml kaltgepresstes Olivenöl

Die Schwertfischfilets ausbreiten. Die Abschnitte klein würfeln, die Zwiebel fein schneiden. Beides in Olivenöl schnell anbraten. Mit Weisswein ablöschen, salzen und pfeffern. Die Brotbrösel darüber streuen, eventuell mit etwas Wasser nachfeuchten. Die Masse auskühlen lassen und auf den Fischfilets verteilen. Diese aufrollen, salzen und pfeffern.

Die Zutaten für die Salmoriglio-Marinade verrühren. Die Fischröllchen damit einstreichen und höchstens 4 Minuten «alla piastra», d.h. auf der heissen Eisenplatte (oder in einer Eisenpfanne), rundum braten. Vor dem Servieren die restliche Marinade darüber träufeln.

Die grossräumige, gepflasterte Piazza vor der Chiesa Madre gibt Favignana die Allüre eines Städtchens.

Kuskus alla siciliana

So genau weiss niemand, wann Kuskus sizilianisch und zu «Cùscusu» wurde. Doch reicht ein Blick auf die Landkarte, um sich das Wie vorzustellen: Afrika liegt Sizilien sehr nah. Näher als Europa, wenn man es geografisch betrachtet. Von Trapani aus fahren täglich Fähren nach Tunis; an der Südküste setzen maghrebinische Händler farbige Akzente. Vor allem aber erlebte die Insel eine prägende arabische Epoche. Sichtbar wird dies in Namen wie Marsala, ursprünglich «Marsa Ali», was Hafen Allahs bedeutet, oder in städtebaulichen Anlagen wie der Kasbah von Mazara del Vallo.

Der sizilianische Cùscusu ist eine Spezialität der westlichen Insel, vor allem der Provinz Trapani. Und dieser Kuskus wird traditionellerweise mit Fisch zubereitet, also nicht mit Fleisch oder Hülsenfrüchten wie in den Maghrebländern. In der einfachen Familienküche wird der Fisch praktisch zur Suppe zerkocht. Der ganze Geschmack ist in der Brühe konzentriert, die das Getreide befeuchtet und würzt. Heute achtet man in der Gastronomie bewusster auf die Präsentation und lässt dem Fisch noch eine Chance.

Auch bei der Zubereitung des geschroteten Weizens, des eigentlichen Cùscusu, gehen die Sizilianer anders vor als ihre afrikanischen Nachbarn. Im Grunde genommen behandeln sie das Getreide genauso wie den feiner gemahlenen Dunst für den Teig ihrer Pasta – nicht weniger intensiver, aber auch nicht komplizierter. Auf keinen Fall ist ein Cùscusu ein Kuskus im Expressverfahren, bei dem man laut mancher Anweisung nur heisses Wasser über das Ganze schüttet und damit basta. Auf keinen Fall aber macht er Ihnen die Monsterarbeit, als die seine Zubereitung gern dargestellt wird.

Für einen echten sizilianischen Cùscusu brauchen Sie Hartweizenschrot, der nicht industriell vorbehandelt wurde. Die etwas gröberen Körner als Gries geben Sie auf eine Arbeitsfläche und massieren erst Wasser ein, immer gerade nur soviel, bis die Körner sich sattgesogen haben, danach Olivenöl, damit sie nicht aneinander kleben. Zum Schluss mischen Sie für den Geschmack etwas Salz darunter, einige Pfefferkörner und Lorbeerblätter. Der Originaltopf zum Dämpfen ist die «Cuscusiera» oder «Mafaradda» aus Keramik. Darunter kommt ein zweiter Topf zum Dampfmachen. Aber Sie können sich auch mit einem gewöhnlichen Siebeinsatz behelfen.

Für echten sizilianischen Kuskus braucht man unbehandelten Hartweizenschrot. Die Körner werden mit Wasser und Olivenöl eingerieben, mit immer gerade so viel, bis sie sich sattgesogen haben.

Im Labyrinth der Kasbah von Mazara del Vallo überleben Handwerksbutiken wie aus einer anderen Welt.

Die Dorfplätze gehören am Sonntagmorgen den Männern.

Dolce Maria

Maria Grammatico kam als Mädchen zu den Nonnen des Klosters San Carlo in Erice. Dort lernte sie das Kunsthandwerk der Zuckerbäckerin, das die Amerikanerin Mary Taylor Simeti in ihrem Buch «Bitter Almonds» beschrieb. Dass die Mandeln bitter schmeckten, gehört zur Biografie des Mädchens. Dass gerade Nonnen die süsse Verführung pflegten, ziert Siziliens Kulturgeschichte. Jedes Kloster hütete seine Rezepte für Mandelgebäck und wer an seine Tür pilgerte, tat es nicht nur aus Frömmigkeit. Der Schriftsteller Leonardo Sciascia sagte dazu: «Was die ‹dolci› betrifft, hat jedes Dorf seine Spezialität. Um sie zu finden, braucht man nur nach den Nonnen zu suchen, denn wo sie sind, überleben das traditionelle Zuckergebäck und die Süssspeisen.» Im Laufe der letzten Jahrzehnte wurden viele Klöster geschlossen und mit ihnen verschwanden die geheimen Rezepte. Maria Grammatico in Erice zählt sich zu den überlebenden Hüterinnen dieser aussterbenden Tradition. Ihre üppigste Kostprobe ist die «Pasta di conserva». Der Name besagt gar nichts. Handelt es sich doch um ein barockes Gebilde aus rosa gefärbtem Marzipan und einer Füllung aus schwerer Zedratkonfitüre. Eigentlich ist es eine Torte, und natürlich wird sie mit den prächtigsten Marzipanrosen verziert. Leichter, auch zum Nachmachen, sind die «Bocconcini». Derartige «Häppchen» finden die verschleckten Pilger noch heute in den verbliebenen Klöstern, wenn auch jedes Mal unter einer anderen Bezeichnung und in geheimnisvoller Abwandlung. Bei den Nonnen von San Michele in Mazara del Vallo heissen sie «Muccunetti».

Maria Grammaticos Mandelgebäck stammt noch aus der Tradition der Klöster. Hier eine Auswahl von Buccellatini, Désirs, Bocconcini, Palline al cioccolato u. a.

Bocconcini

Mandel-Zitronen-Gebäck

Für ca. 14 Stück:
150 g geschälte Mandeln
10 g Bittermandeln oder 2 Tropfen Bittermandelessenz
100 g Zucker
100 g dickflüssige Zitronenmarmelade oder Zitronat
1 EL Wasser, evtl. mit Rum vermischt
Zucker zum Einrollen
Puderzucker zum Bestäuben

Die geschälten Mandeln mit dem Zucker im Mixer fein pürieren, das Zitronat einarbeiten. Dann das Wasser tropfenweise untermixen, aber nur so viel, bis der Mandelteig genügend zusammenhält. Eine Arbeitsfläche – idealerweise aus Marmor – mit Zucker bestreuen und den Mandelteig darin wälzen. In zwei Portionen teilen und jede in 4 cm dicke Stränge rollen. Davon 1 cm dicke Scheiben abschneiden. Jede zu Bällchen formen, eventuell noch in Zucker rollen und auf einer Seite flach drücken.
Ein Blech mit Backpapier auslegen, die Häppchen – mit der flachen Seite nach unten – darauf legen und im 150 °C heissen Ofen etwa 15 Minuten backen. Abkühlen lassen und mit Puderzucker bestäuben.

Der kulinarische Tipp ❅ Legen Sie das Zitronat in Rum ein und verzieren Sie die Bocconcini zum Schluss mit bunten kandierten Fruchtstückchen.

Der Salzschatz von Trapani

Von der Höhe des mythischen Venusberges, Monte Erice, glitzern die Salzgärten in den Farben des Sonnenuntergangs. Auch die gleissenden Hügel aus weissen Kristallen wechseln zu rosa und blau. Windmühlen leuchten in einem letzten Strahl auf und drehen sich still.

Das Herz dieser Postkartenlandschaft ist der Stagnone, eine Lagune, die sich zwischen Punta di San Teodoro und Capo Lilibeo einschmiegt. Einen langgezogenen Wall gegen das offene Meer bildet die Isola Grande, die grösste der Stagnone-Inseln. Die anderen sind Santa Maria, La Scuola und Mozia. Auf Mozia entdeckte Anfang unseres Jahrhunderts Giuseppe Whitacker die Reste einer phönizischen Stadt. Und die Phönizier wussten die Vorteile der Lagune zu nutzen, auch für die Salzgewinnung.

Die urzeitlichste Methode, aus Meerwasser Salz zu gewinnen, ist die Verdunstung. Je geringer die Meerestiefe, je stärker die Sonneneinstrahlung und je höher der Salzgehalt, umso idealer sind die Bedingungen. An Trapanis Südküste und im Stagnone habe sich die Bewohner noch ein System ausgedacht: die Salzgärten. Diese bestehen aus verschieden tiefen Becken, die das Meerwasser durchläuft, das sich dabei zunehmend konzentriert. Am tiefsten, über einen Meter tief, sind die Becken draussen im offenem Meer. An der Küste sehen sie überfluteten Feldern ähnlich und das Wasser erreicht hier einen Salzgehalt von 26° Baumé.

In den Mühlen, die sich so pittoresk gegen das Abendrot abheben, wurden früher die Salzbrocken zermahlen. Ihre Windräder betrieben auch die Schleusen, die das Wasser in die Becken leiteten. Es ist der Initiative von Ökogruppen zu verdanken, dass Trapanis Wahrzeichen wieder in Schwung sind, ebenso der Wasserschutz, die Pflege der Salzgärten und der Marschen. Das Gebiet des Stagnone wurde 1984 zum Naturschutzgebiet erklärt und seine weissen Kristalle sind ein beliebtes Souvenir für Touristen. Mit dem Kauf helfen diese indirekt mit, dass das Projekt weiterbesteht.

Wie ein Chamäleon nimmt der Stagnone, Siziliens grösste und fischreiche Lagune, jede Wetterstimmung auf. In den Windmühlen wurden früher die Salzbrocken zermahlen; heute nutzt man sie noch als Wasserschleusen oder als Museum.

Grüne Früchtchen, grüne Tröpfchen

Schon auf Münzen, die im fünften Jahrhundert vor Christus in Messina geprägt wurden, sind Olivenzweige dargestellt. Und bis heute verbindet sich der Olivenbaum, das Symbol der Weisheit und Unsterblichkeit, mit Siziliens Landschaft. Dieser Urbaum, der im Grunde genommen so gar keine Ansprüche stellt, hat den Menschen des Südens fast alles geschenkt – sogar den Schatten, wenn sie die Schafe hüten. So waren denn die Insel und die Inselchen nicht nur von den silbrig flimmernden Wahrzeichen übersät, sondern auch von Ölmühlen. Diese funktionierten nach einem mehr oder weniger altem System – mit Mahlsteinen, Pressmatten und Zentrifuge. Den Oliven und dem daraus gewonnen Öl ist es halt lange ergangen wie den Reben: Sie waren Geschenke der Natur und schmeckten einfach gut. Erst durch das Aufkommen der «Mittelmeerdiät» begannen die Anbauer anders zu werten. Mit Unterstützung der EU und den entsprechenden Auflagen wurden auch hypermoderne Mühlen gebaut. Ob zum Vorteil der Qualität, müssen sie noch beweisen. Sizilien ist eben im Umbruch. Und vor lauter Begeisterung bestehe die Gefahr, das Kind mit dem Bad auszuschütten, meinte ein Kenner der Lage.

Was es heisst, die alte Mühle samt erfahrenem Müller zu verlieren, erfuhr Gianfranco Becchina. Mit seinem «Olio Verde» gehört er zu Italiens Spitzenklasse. Unweit der antiken Stadt Selinunte ist der hauptamtliche Kunstexperte nicht nur Besitzer eines prächtigen Landgutes, sondern auch eines Olivenhaines mit über zweitausend Bäumen. Anfang Oktober bevölkert sich dieser Riesengarten, wenn mit Leitern und Körben ausgerüstete Männer und Frauen sich an die Ernte der Oliven machen. Es ist hundertprozentige Handarbeit, wie auch das Verlesen der Früchte. Diese gleichen eher Nüssen, so gross sind sie, und sie heissen wohl deshalb Nocellara-Oliven. Vor allem aber sind sie noch grasgrün. Gianfranco Becchina lässt sie stets als erster der ganzen Region ablesen. Die alten Bauern schütteln darüber die Köpfe, weil dieses den gewohnten Ernteablauf durcheinander bringt: Erst die Trauben, dann die Tafeloliven und zuletzt die Oliven für die Ölgewinnung.
Der Kunstexperte, der sich mit seinem «grünen Öl» internationale Lorbeeren holt, setzt alles auf diese frühe Lese. Sein Öl schmeckt frisch und fruchtig, ohne die Mastigkeit, die den Ölen des Südens oft anhaftet. Einen entscheidenden Vorteil brachte ihm die frühe Lese jüngst, als sein Müller starb und die alte Mühle geschlossen wurde. In einer Nachbargemeinde gab es eine von diesen brandneuen, hyper-

Gianfranco Becchina holt sich mit seinem Olio Verde internationale Lorbeeren.

Die grosse Nocellara-Olive gleicht wirklich einer Baumnuss. Neben der Biancolilla und der Cerasuolo ist sie die meistverwendete Olive Siziliens.

Auf dem früheren Landgut der Fürsten Pignatelli lässt Gianfranco Becchina die Oliven ablesen, wenn sie noch grün sind. Das Resultat wirkt denn auch sehr frisch und fruchtig, ohne die gewohnte Mastigkeit vieler südlicher Öle.

modernen Mühlen, die noch nie in Benutzung war. Der Mann zeigte Mut und weil keine anderen da waren, die ihre Oliven so früh mahlen wollten, konnte er das Tempo diktieren, alles auf langsamster Stufe mit der Stoppuhr, und sein Öl tröpfelte makellos aus der Zentrifuge. Auf ein zweites Risiko mag er sich dennoch nicht einlassen. Denn Sizilien ist in Bewegung. Auch andere holen die Oliven von den Bäumen, bevor sie schwarz sind. Da müssen nur noch andere früher kommen und mit der Haute Couture in der Konfektionsmühle ist es vorbei. Seine Lösung hat Gianfranco Becchina schon gefunden. Es ist derzeit die schonendste (und teuerste) der modernen Techniken, die er sich für sein «Olio Verde» in einer eigenen Mühle leisten will: die Sinolea.

Brennend bleibt natürlich die Neugier, was einen Kunstexperten am Olivenanbau überhaupt fasziniert. «Ich bin Kunstliebhaber», meint dieser, «und es wäre doch komisch, würde ich nicht auch die Natur lieben. Dazu bin ich Sizilianer, und ich liebe Sizilien. So ist es nur logisch, dass ich hier etwas aufgebaut habe. Warum Oliven? Weil ich glaube, dass es schwierig ist, hier im Süden einen guten Wein zu machen.»

Marsala – Marsala

Wenn der afrikanische Wüstenwind über das Kap Lilibeo bläst, ducken sich die Reben in die salzige Erde. Das Meer wirft graue Wellen. Nur an stillen Tagen lässt es den versunkenen Damm sehen, den die Phönizier zu ihrer schwimmenden Stadt, der Insel Mozia, anlegten. Reben ducken sich auch dort – uralte knorrige Stöcke. Es ist die antike einheimische Sorte Grillo, die dem Marsala Stoff und Kraft gibt. Dino Agate, der ein Gut mit Agriturismo betreibt und seine Gäste manchmal herumführt, ist überzeugt, dass die Phönizier schon diesen Wein anbauten, einen ursprünglichen Marsala, süss, bernsteinfarben und schwer, einen Marsala noch ohne zugefügten Most und Alkohol. Oh nein, das Aufspriten sei eine neuere Erfindung, und dazu noch keine sizilianische.

Es war der Liverpooler Kaufmann John Woodhouse, der 1773 mit einer Schiffsladung Wein von Marsala nach England zurückkehrte. Um eine verderbliche Nachgärung auf dem Transport zu verhindern, versetzte er den Wein mit hochprozentigem Alkohol: Er spritete ihn auf. Weil die Geschichte eine Erfolgsgeschichte ist, liebten die Engländer diesen «Marsala». Er erinnerte sie an den ihnen bekannten Madeira und Sherry. So kehrte Mister Woodhouse nach Marsala zurück und mit ihm andere Landsleute, die am Quai der Hafenstadt ihre Kellereien errichteten
Erst 1832 mischte sich ein Einheimischer in den lukrativen Handel, Vincenzo Florio. Wer in Palermo in der Villa Igea logiert oder mit der Fähre nach Favignana hinausfährt, erhascht noch einen Glimmer vom einstigen Imperium dieser Wirtschaftsdynastie. Als Vincenzo Florio seinen Fuss ins Marsala-Geschäft setzte, war er bereits an verschiedenen Unternehmen beteiligt: eine Spinnerei, Thunfischfabriken, eine Schiffsflotte, eine Giesserei, und natürlich trat er in die Politik ein. Seine Erben machten mit Schwung weiter, sponserten auch Kunst und mondäne Anlässe – zu mondän vielleicht, das Geld zerrann ihnen zwischen den Fingern.
Ähnlich machte der Marsala Karriere und stürzte ab. Zur Zeit der Belle Époque war er wie der Champagner in Mode, und überall entstanden Fabriken mit den unglaublichsten

Es gibt Marsala in verschiedenen Gradationen von trocken bis süss, und in verschiedenen Farbtönen von Golden bis Rubinrot.

Die Kunst der Bereitung von Marsala ist das Solera-Verfahren, bei dem die Weine durch eine Batterie von Fässern perpetuell abgezapft und aufgefrischt werden.

Eigenkreationen. 1931 endlich erliess der Staat ein Dekret, das die Herstellung schützen sollte. Aber erst die DOC von 1985 schreibt die Rebsorten vor, das Anbaugebiet und die Vinifikation. Dennoch erholt sich der Marsala nur langsam von seinem schlechten Image.

In der Kellerei Florio, die 1929 an Cinzano ging und heute zur Gruppe Illva gehört, gibt man sich Mühe, den Besuchern das System der gespriteten Weine zu erklären. Auch den Kreislauf mit dem Solera-System, der von einem «Mutterfass» ausgeht und bei dem die Weine in einer Batterie von Fässern kontinuierlich abgezapft und verjüngt werden. Es ist derselbe Vorgang, den man bei der Herstellung von Sherry anwendet. Nach ähnlicher Art gibt es den Marsala von trocken bis süss in verschiedenen Gradationen und Qualitätsbezeichnungen: «Fine» wird schon nach einem Jahr Fasslagerung auf Flaschen gezogen, «Superiore» und «Superiore Riserva» nach zwei und vier Jahren; nur der «Vergine» ist ein natürlich süsser Marsala, ohne Verstärkung durch Most oder gespriteten Traubensaft.

Der Rebell von Vecchio Samperi

Dass heute ein Marsala wieder zum guten Ton gehört, verdankt Sizilien einem Einzelkämpfer. Marco De Bartoli fuhr Autorennen und arbeitete als promovierter Agraringenieur für diverse Marsala-Hersteller, bevor er Ende der siebziger Jahre das Weingut seiner Mutter übernahm. Vecchio Samperi war noch ein traditioneller Baglio, wie man die nach maurischer Art errichteten Gutshöfe um Marsala nennt. Das Kostbarste, was Marco De Bartoli mit Vecchio Samperi erbte, war ein Fass mit altem Marsala-Wein. Es war der Grundstock für sein Perpetua-System. Auf den 25 Hektar Rebfläche wuchsen zudem die einheimischen Grillo-Trauben, die von Natur aus viel Zucker enthalten. Aus ihnen entstehen Weine mit einem natürlichen hohen Alkoholgehalt, die das Aufspriten, wie es die Briten einführten, gar nicht brauchen. Der Nachteil der Grillo-Traube ist ihr niedriger Ertrag; die heutige DOC Marsala gestattet daher auch einen Zusatz aus Inzolia- und Cateratto-Trauben. Der frühere Rallye-Fahrer fühlte sich herausgefordert und begann Marsala-Weine alten Stils zu produzieren: pure «Vergine», die durch die Reifung in verschiedenen Holzfässern eine elegante Würde erhalten. Aus Opposition gegen den heruntergekommenen Marsala der Fabriken nennt er sie nach seinem Weingut «Vecchio Samperi».

Inzwischen ist Vecchio Samperi berühmt, der Marsala hat seine DOC, und auch Florio holt sich internationale Auszeichnungen für die Vergine-Marsala «Terre Arse» und «Baglio Florio». Aber Marco De Bartoli ist skeptisch. Der Begriff «Marsala» sei durch so viele Wäschen gegangen, dass man immer gegen Vorurteile kämpfen werde. Auch die vielen Zusatzbezeichnungen, in denen sich niemand zurechtfinde, würden nicht sonderlich helfen. Zynisch meint er gar: «Heute machen alle schöne Etiketten, und ich habe Probleme mit der Konkurrenz.» Nach einem Vierteljahrhundert Opposition wirkt er müde gekämpft. Als Präsident des sizilianischen Weinbauinstitutes engagierte er sich in den letzten Jahren für die Anerkennung einer DOC Sicilia, was die Insel als Weinbaugebiet aufgewertet hätte. Daraus wird vorläufig nichts. Und Marco De Bartoli hätte es fast Kopf und Kragen gekostet. «Sizilien ist gespickt mit mächtigen Hindernissen», urteilt er im Nachhinein düster. Um irgendeinmal anzuhängen: «Ich bin ein Rebell.» Er spuckte es aus wie Nägel. Für uns klang es hoffnungsvoll.

Dass der Marsala sein Ansehen zurückgewinnt, verdankt Sizilien dem Einzelkämpfer Marco De Bartoli.

Süsse Mandeln u

Viele Sizilianer sagen, der barocke Stil komme ihrem Wesen am nächsten: die Lust am Schwelgerischen und an der Selbstdarstellung, ein Gefühl für das Heroische und Inbrünstige, und versteckt unter der lauten Üppigkeit die Melancholie des Todes. Den Weltuntergang verkündete das Erdbeben von 1693, das praktisch die ganze Ostküste in Trümmer legte. Dieser Katastrophe verdankt allerdings Sizilien seinen imposanten Barock in Catania und in den Städten der Monti Iblei oder die auseinanderstiebenden Piazze von Avola und Grammichele. Siebenundsiebzig Städte mussten neu geplant und gebaut werden, eine Aufgabe, die der spanische Vizekönig an den Herzog von Camastra delegierte. Die Handschrift dieses energischen Mannes tragen die wie mit dem Lineal gezogenen Strassen und das Tempo des Wiederaufbaus: Er brauchte nur zehn Jahre, bis aus der Verwüstung wieder Leben entstand. Alles wurde noch prächtiger als zuvor. Es entstanden noch mehr Klöster und Kirchen, und der Adel wetteiferte mit dem Klerus. In der Stille hinter den frommen Mauern konnten sich die Nonnen auch wieder in die kunstvolle Zubereitung des süssen Mandelteig vertiefen. Aus dieser uralten, klösterlichen Tradition heraus ist Marzipan oder «pasta reale» zu etwas sehr Eigenem in Sizilien geworden. Die Früchte, die daraus modelliert und von Hand bemalt werden, sind kaum vom natürlichen Original zu unterscheiden. Berühmt war das Kloster Martorana in Palermo für derlei Künste, weshalb man sie auch «Frutta di Martorana» nennt. Heute sind es nicht mehr die Nonnen, die süss meditieren, sondern die Konditoren und Zuckerbäcker. In der Barockstadt Noto gibt es die beste Adresse.

Mit den Mandelblüten im Februar beginnt der Frühling. Noto, das berühmt ist für seine Mandeln und den Barock, scheint hinter luftigen weissen Wolken zu versinken.

ein barocker Himmel

Cantine del Cugno Mezzano Catania

Vinotheken, in die man in erster Linie wegen des Weins geht und dazu noch gern etwas Gutes schnabuliert, gibt es in Sizilien wenig. Dies rief vor ein paar Jahren vier Weinfreunde auf den Plan, die in Catania die «Cantine del Cugno Mezzano» eröffneten. Sie liegt zentral hinter der Piazza del Duomo. Wer sich dennoch in den Gassen verliert, fragt einfach nach dem Palast des Fürsten Biscari. Diese barocke Residenz gilt als die prunkvollste der Stadt Catania. Die Vinothek wurde in den Gewölben der alten Pferdestallungen eingericht. Dort sitzt man an blankpolierten, langen Holztischen und lässt sich von Pippo Privitera, einem hundertprozentigen Slow Fooder, in die Wunderwelt der sizilianischen Weine einführen. In lauen Nächten sitzt man im lauschigen Hofgarten und hört dem Koch zu, wie er bei der Arbeit singt. Carmelo Chiaramonte hat den Mut, sich mit der archaisch anmutenden Tradition der «Cucina povera» auseinander zu setzen. Seine Ergebnisse sind erstaunlich. Für die Rezepte stützt er sich auf alte Aufzeichnungen oder er befragt direkt die Bauern. Bei ihnen wird er auch fündig, wenn er nach Produkten sucht, von denen niemand mehr wusste, dass es sie auf Sizilien noch gibt.

Frascàtula

Kichererbsenpolenta mit violettem Winterbrokkoli

In alter Zeit glich die Frascàtula eher einer Suppe, so wie die Polenta ursprünglich ein Brei aus den verschiedensten Getreidesorten war, bevor der Mais aus Amerika kam. Carmelo Chiaramonte verwendet eine kleine, einheimische Kichererbsensorte, die er eigens in einer Steinmühle mahlen lässt. Der dunkelviolette Brokkoli und die Aromen von Knoblauch und Pecorino verbinden sich mit diesem schlichten Genuss.

700 g violetter Brokkoli
Salz
1–2 Knoblauchzehen
1 Stückchen Peperoncino
kaltgepresstes Olivenöl
180–200 g Kichererbsenmehl, grob gemahlen
120 g reifer Pecorino, klein zerstückelt

Den Brokkoli in Salzwasser weich kochen, herausnehmen und warm halten. 3/4 Liter des Kochwassers mit einer oder zwei Knoblauchzehen, einem kleinen Stück Peperoncino und einem Esslöffel Olivenöl aufkochen. Das Kichererbsenmehl mit 1/4 Liter des restlichen Kochwassers anrühren und mit dem Schwingbesen in die kochende Flüssigkeit einrühren. Auf ganz kleiner Flamme zu einem Brei kochen und diesen in tiefe Teller verteilen. Mit den Brokkoliröschen und den Käsestückchen belegen. Mit Olivenöl beträufeln und servieren.

Der Weintipp von Pippo Privitera ❋ Man braucht einen Weisswein, der dem Käse und dem Brokkoli Paroli bietet. Der weisse Don Pietro von Spadafora hat durch die Assemblage von Insolia und Chardonnay genau die richtige kräftige Struktur.

Zuppa di mandorla con vongole e telline

Mandelsuppe mit Muscheln

Mandeln sind ein Grundnahrungsmittel der mediterranen Küche. Sie geben vielen Saucen Geschmack und Konsistenz, wie auch dieser Suppe, in der die Muscheln dazu einen verblüffenden Kontrast bilden. Am intensivsten schmecken die länglichen, kleinen Tellmuscheln, die sich im sandigen Grund des Mittelmeers vergraben. Muschelkenner halten sie für die besten.

800 g Venus- und Teppichmuscheln, idealerweise auch Tellmuscheln
2 EL Mehl
kaltgepresstes Olivenöl
120 g geschälte, geriebene Mandeln
100 ml Milch
800 ml Fischfond (siehe Seite 71, Der kulinarische Tipp)
1 Knoblauchzehe, fein gehackt
1 TL Petersilie, fein geschnitten
Salz

Die Muscheln unter fliessendem kaltem Wasser gut abbürsten und wässern, um restlichen Sand zu entfernen. Das Mehl in Olivenöl anschwitzen, die Mandeln dazugeben und kurz mitschwitzen lassen. Mit Milch ablöschen, etwas Fischfond angiessen und wenige Minuten sachte köcheln lassen. In einem zweiten Topf den Knoblauch im Öl andünsten. Die Muscheln zufügen und dann die Petersilie. Mit dem restlichen Fischfond ablöschen. Wenn sich alle Muscheln geöffnet haben, den Inhalt beider Töpfe vermischen und abschmecken. (Vorsicht! Die Muscheln enthalten bereits Salz.)

Der Weintipp von Pippo Privitera ❋ Der Ramingallo von COS ist ein reinsortiger Insolio aus der Gegend von Menfi. Geschmacklich unterstützt er die Mandeln und schmeichelt den prägnanten Muscheln.

Mandelsuppe mit Muscheln.

Polpetti di gamberi tra le foglie di limone e gamberi marinati con lenticchie nere

Garnelen auf zweierlei Art

Das Garen zwischen Zitronenblättern hat in Sizilien Tradition. Einerseits enthalten die Blätter Aromastoffe, anderseits dienen sie als Schutzfolie. Man geniesst die Polpetti als Vorspeise, wie auch die marinierten Garnelen, die Carmelo Chiaramonte mit halbwilden Berglinsen kombiniert. Diese Linsen, sagt er, seien früher von allen Bauern angepflanzt worden. Heute müsse er danach suchen und sie seien zum Luxusprodukt geworden.

Garnelen-Muschel-Klösschen:
10 rohe Miesmuscheln
10–12 rohe Garnelen
8 Borretschblätter
1/2 Knoblauchzehe
abgeriebene Schale von 1/2 Zitrone
1/2 EL Brotbrösel
1/2 Ei
Salz
8 frische Zitronenblätter

Die Muscheln öffnen und aus der Schale lösen. Die Garnelen schälen und bei grösseren Exemplaren den Darm entfernen. Muscheln und Garnelen grob hacken, die Borretschblätter kurz blanchieren, leicht ausdrücken und hacken. Die Zutaten miteinander vermischen, mit dem gepressten Knoblauch und der abgeriebenen Zitronenschale würzen. Die Brotbrösel in einer Pfanne leicht anrösten und darunter mengen. Mit etwas verquirltem Ei binden und vorsichtig salzen. Die Masse auf 4 gewaschene Zitronenblätter streichen und mit den restlichen 4 Blättern bedecken. Diese «Sandwiches» auf der heissen Eisenplatte oder dem Grill rösten.

Marinierte Garnelen mit kleinen Linsen:
200 g kleine Linsen, grüne oder braune
1 l rohe Garnelenschwänze
1/2 Zitrone, Saft und Schale
1 Zwiebel
100 ml Fischfond (siehe Seite 71, Der kulinarische Tipp)
300 g Schnittmangold
1 Knoblauchzehe
kaltgepresstes Olivenöl
Salz

Garnelen-Muschel-Klösschen zwischen Zitronenblättern (links) und marinierte Garnelen mit kleinen Linsen (rechts).

Die Linsen verlesen, waschen und einige Stunden einweichen. Das Einweichwasser wegschütten. Drei geschälte Garnelenschwänze und eine Zwiebel fein hacken und in etwas Olivenöl anziehen lassen. Die abgetropften Linsen dazugeben und mitdünsten, mit Fischfond ablöschen, einkochen lassen und so viel Wasser zugiessen, dass die Linsen bedeckt sind. Zugedeckt auf kleiner Flamme etwa 30 Minuten garen. Danach erst salzen.
Die restlichen Garnelenschwänze schälen und mit Zitronensaft und -schale marinieren. Den Schnittmangold in Salzwasser blanchieren, abtropfen lassen und in mundgerechte Streifen schneiden. Den Knoblauch hacken und zusammen mit dem Schnittmangold andünsten. Locker unter die gegarten, noch bissfesten Linsen mischen. Ganz zuletzt die marinierten Garnelen darunter mengen.

Der Weintipp von Pippo Privitera ❅ Staunen Sie nicht, wenn wir Ihnen zu diesem Gericht einen Rotwein empfehlen. Der San Michele von Barone Scammacca del Murgo ist ein reinsortiger Cabernet Sauvignon von den Hängen des Ätna. Er ist ein sehr lebhafter, fruchtiger Cabernet und passt deshalb ausgezeichnet zu Krustentieren.

Der kulinarische Tipp ❅ Fische und Meeresfrüchte werden in der mediterranen Küche oft auf der Eisenplatte, einer Art Bratpfanne ohne Rand, gebraten. Als Ersatz dient eine eiserne Grillpfanne oder eine schwere Bratpfanne.

Coniglio al cioccolato

Kaninchen in Schokoladesauce

Carmelo Chiaramontes stammt aus dem Landesinneren im Südosten der Insel, dort, wo spanisch-kreolische Einflüsse noch spürbar sind. Die bittersüsse Schokolade zum Kaninchen ist denn auch so barock wie die Städte dieser Gegend. In der Fattoria delle Torri in Modica ist zum Beispiel der Rinderschmorbraten mit dunklem Kakaoaroma ein Klassiker.

1 kg Kaninchen, in Portionsstücke geschnitten
Salz und Pfeffer aus der Mühle
kaltgepresstes Olivenöl
1 Zwiebel, gehackt
1 Lorbeerblatt
abgeriebene Schale von 1 Mandarine
1/4 l kräftiger Rotwein
1 l Gemüsebrühe
50 g dunkle Schokolade mit mindestens 60% Kakaoanteil
1/2 EL Sesam, geröstet

Die Fleischstücke mit Salz und Pfeffer einreiben und in Olivenöl anbraten. Die gehackte Zwiebel dazugeben und mitbraten, dazu das Lorbeerblatt und die Hälfte der abgeriebenen Mandarinenschale. Mit Rotwein ablöschen, etwas einkochen lassen und mit Gemüsebrühe auffüllen. Zugedeckt 30 Minuten garen. Danach die Fleischstücke herausnehmen, mit Aluminiumfolie abdecken und warm halten.
Die Brühe durch ein Sieb giessen und auf die Hälfte einkochen. Vom Feuer nehmen und die in Stücke gebrochene Schokolade nach und nach einrühren. Zuletzt den gerösteten Sesam und die restliche Mandarinenschale darunter mengen. Heiss über die angerichteten Kaninchenstücke giessen.

Der Weintipp von Pippo Privitera ❅ Der Sciri von COS schmeckt nach Dörrfrüchten, geröstetem Brot und Schokolade. Seine Aromen verbinden sich harmonisch mit dieser etwas schwierigen Sauce. Der Sciri ist ein Cerasuolo di Vittoria D.O.C., mit einem Mischsatz aus Frappato und Nero d'Avola. Er hat viel eigenen Charakter, was einerseits mit der Lage, andrerseits mit der Arbeit im Weinberg zusammenhängt.

Ricotta montata con melacotogna, salsa di caramello, mandarini canditi e zafferana

Geschlagener Ricotta mit Quittenkompott, Karamelsauce, kandierten Mandarinen und Safran

Dieses Dessert vereint typische sizilianische Geschmäcke: Schafsricotta, wie man ihn in der Cassata liebt, Quitten, die traditionell zu Cotognata, einer dicken Paste, eingekocht werden, und natürlich Mandeln und Zitrusfrüchte. Auf den Safran kam der Koch durch die Bauern: Sie hatten ihm von einem Käse erzählt, der zündgelb gewesen sei, weil die Kühe den Krokus abgeweidet hätten.

400 g Ricotta (möglichst frischer Schafsricotta)
4 Quitten (möglichst eine apfelförmige, kleine Sorte)
650 g Zucker
2 Mandarinen (möglichst unbehandelt)
1/2 TL Speisestärke
12 Safranfäden
100 g Mandeln, geröstet und grob gehackt

Geschlagener Ricotta mit Quittenkompott, Karamelsauce, kandierten Mandarinen und Safran.

Den Ricotta einen Tag lang in einem Sieb abtropfen lassen. Die Quitten schälen, in Schnitze schneiden und das Kerngehäuse entfernen. In 1 l Wasser, vermischt mit 400 g Zucker, aufkochen und al dente garen. Im Sirup auskühlen lassen. Von den Mandarinen die Schalen dünn abschälen, in Streifen schneiden, blanchieren und abtropfen lassen. In einem Töpfchen 2 Esslöffel Zucker und 2 Esslöffel Wasser unter Rühren erhitzen. Die Mandarinenschalen einstreuen und etwa 10 Minuten köcheln lassen oder bis die Flüssigkeit verdunstet ist.

Für die Karamelsauce 120 g Zucker in 70 ml Wasser auflösen, zum Kochen bringen und goldbraun karamelisieren. Den Topf sofort vom Feuer nehmen. 1/2 Teelöffel Speisestärke in 70 ml Wasser anrühren und zum Karamel giessen. Unter Rühren erneut erhitzen und zur sirupartiger Konsistenz einkochen.

Die Quittenschnitze kranzförmig anrichten. Den Ricotta mit 100 g Zucker zur Creme schlagen und in die Mitte des Quittenkranzes geben. Die kandierten Mandarinenschalen und die Karamelsauce darüber verteilen. Mit den Safranfäden und Mandeln garnieren.

Der Weintipp von Pippo Privitera Wir brechen mit der Tradition und empfehlen keinen Süsswein zu diesem Dessert. Die Gefahr, dass so ein Wein die feinen Aromen zudeckt oder neben dem Safran untergeht, ist zu gross. Der Chardonnay von Tasca d'Almerita ist sehr ungewöhnlich und hat ein Bouquet und eine Wucht, die ihn hier zum interessanten Partner machen.

Ein Muster aus Bruchsteinmäuerchen kennzeichnet die Landschaft der Monti Iblei.

Stilleben mit Thunfisch auf der Terrasse des Ristorante Jonico 'a Rutta 'e Ciauli in Syrakus.

Fattoria delle Torri Modica

In kühnem Gefälle schmiegt sich Modica an den Berghang. Die Barockstadt in den Monti Iblei ist geprägt von ihrer spanischen Vergangenheit. Das drückt sich auch im Kulinarischen aus. Einer, der sich wie kaum ein anderer darin auskennt, ist Giuseppe Barone. Er studierte Anthropologie in Pisa, bevor ihn das Heimweh nach Sizilien zurücktrieb und er autodidaktisch zum Gastronomen wurde. Mit Erfolg. Seine «Fattoria delle Torri» zählt zu den besten Adressen der Insel. Anfänglich führte er sie in der Oberstadt, in Modica alta. Dort kochte noch seine Mutter, von der er, wie er sagt, alles gelernt habe. Den Frauen überhaupt weist er eine bedeutende Rolle zu: «Sie sind die Kreativen. Sie können aus dem Nichts etwas Wunderbares machen.» Kreativ ist die Fattoria auch in ihrem neuen Domizil, einem renovierten Palazzo in der Unterstadt, in Modica bassa. Die heitere Eleganz der Räume harmoniert wohltuend mit der Küche, die der Tradition Flügel zu geben scheint. Nicht minder bemerkenswert ist der Weinkeller, besser die Vinothek, die von Giuseppe Barone und seinem hellwachen Team auf dem neuesten Stand gehalten wird.

Carne salata con filetti d'arancia e finocchio dolce

Kalte Vorspeise mit gebeiztem Schweinefilet, Orangen und Fenchel

Ein Orangensalat, mit den milden, roten Zwiebeln kombiniert oder mit Oliven oder Sardellenfilets, gehört zum Grundstock der sizilianischen Küche. In der «Fattoria delle Torri» spielt im Winter das gepökelte Schweinefilet den salzigen Part, im Sommer ist es der Thunfisch.

Für das gebeizte Schweinefilet:
1 kleines Schweinefilet vom besten Metzger
1 TL weisse Pfefferkörner
1 TL Fenchelsamen
1 TL Koriandersamen
grobes Meersalz

300 g gebeiztes Schweinefilet
1–2 Fenchelknollen (260 g)
2 Orangen
kaltgepresstes Olivenöl
weisser Pfeffer aus der Mühle

Das Schweinefilet vom Metzger gut abhängen lassen. Die Gewürze im Mörser grob zerstossen und das Filet darin wälzen. Den Boden einer einwandfrei sauberen Schale mit grobem Meersalz bestreuen. Das Filet darauf legen und mit Meersalz bedecken. Mit Folie verschliessen und eine Woche im Kühlschrank beizen. Danach heraus nehmen, Salz und Gewürze mit dem Messerrücken abschaben und das Fleisch mit einem Tuch abreiben.

Den Fenchel mit dem Gemüsehobel fein schneiden und ziegelartig auf die Teller legen. Die Orangen schälen und filetieren. Sternförmig auf dem Fenchel verteilen. Das gebeizte Schweinefilet mit einem scharfen Messer in hauch-

Kalte Vorspeise mit gebeiztem Schweinefilet, Orangen und Fenchel.

dünne Scheiben schneiden und dekorativ zwischen die Orangenfilets legen. Kaltgepresstes Olivenöl darüber träufeln, ein wenig Pfeffer darüber mahlen und basta.

Der kulinarische Tipp ❋ Ein Ersatz für das selbst gebeizte Schweinefilet ist ein guter Lachsschinken.

Chenelle di baccalà con olive nere e salsa di pomodoro

Baccalà-Klösschen mit schwarzen Oliven und Tomatensauce

Wie überall am Mittelmeer haben auch in Sizilien Stockfisch und Baccalà – der eine getrocknet, der andere eingesalzen – ihre Tradition. Heute braucht man sie weniger als Vorrat, sondern man liebt sie wegen ihrer charakteristischen Würze. Die knusprig frittierten Klösschen betonen diese Eigenart elegant.

Ca. 500 g Baccalà oder eingesalzener Kabeljau
1 mittelgrosse Kartoffel (60 g)
kaltgepresstes Olivenöl
2 EL Milch
1 kleines Stück Peperoncino
2 Petersilienzweige
1–2 Eier
1–2 EL Brotbrösel
12 schwarze entsteinte Oliven
500 g reife Tomaten
1 Lorbeerblatt
Salz

Den eingesalzenen Klippfisch – Baccalà – drei Tage kalt wässern. Dann die Haut und Gräten entfernen. Die Kartoffel weich kochen, auskühlen lassen und mit dem gesäuberten Fisch, einem Esslöffel Olivenöl und etwas Milch im Mixer pürieren. Mit ganz wenig fein gehacktem Peperoncino und Petersilie würzen. Die verquirlten Eier einrühren und zuletzt die Brotbrösel einarbeiten. Die Masse soll eine lockere, aber formbare Konsistenz haben.
Die Tomaten vierteln und in einer Kasserolle mit Deckel unter fleissigem Rütteln und Schütteln dämpfen, bis der Saft etwas eingekocht ist. Durch ein Sieb passieren, vorsichtig salzen und mit etwas Olivenöl und einem Lorbeer-

Ravioli mit Ricottafüllung und Fleischsugo.

blatt zurück in den Topf geben. Auf kleiner Flamme etwa 5 Minuten köcheln. Die Oliven in Scheiben schneiden und in der Sauce kurz erhitzen.
Von der Fischmasse esslöffelgrosse Klösschen abstechen und in heissem Olivenöl schwimmend knusprig ausbacken. Auf Küchenpapier abtropfen lassen und mit der Sauce auf vorgewärmten Tellern anrichten.

Der kulinarische Tipp Vor Ostern und Weihnachten bieten manche Händler auch bei uns Stockfisch und Baccalà gewässert an. Vorsicht mit dem Salz: Baccalà enthält selbst nach gutem Wässern noch reichlich davon.

Raviolo di carnevale

Ravioli mit Ricottafüllung und Fleischsugo

Ravioli, schlicht mit Ricotta gefüllt, seien etwas Alltägliches, erzählt Giuseppe Barone. Nur im Winter bestehe der Sugo aus Fleisch. Nur während des Karnevals hätten sich früher auch die Ärmsten etwas Fleisch in die Füllung getan und die Ravioli grösser als gewöhnlich gemacht.

350 g Ravioliteig (siehe Seite 44)
200 g Kuhmilchricotta
50 g rohe Schweinsbratwurst
1 Prise Nelkenpulver
1 Prise Zimtpulver
1 Prise schwarzer Pfeffer

Fleischsugo:
kaltgepresstes Olivenöl
1 Zwiebel, fein geschnitten
250 g mageres Schweinefleisch, klein gewürfelt
50 g Pancetta, gehackt
2 EL Tomatenmark
1/2 l Wasser
1 Lorbeerblatt
schwarzer Pfeffer aus der Mühle
Salz

Den Ravioliteig wie auf Seite 44 vorbereiten. Für die Füllung den Ricotta auf einem Gitter gut abtropfen lassen (eventuell schon am Vortag) und durch ein Sieb streichen. Das Wurstfleisch auf grosser Flamme kurz anbraten und auf Küchenpapier entfetten. Nach dem Abkühlen mit dem Ricotta und den Gewürzen vermischen.

Den Teig möglichst dünn ausrollen und mit einem Glas oder Plätzchenausstecher Scheiben von 8 cm Durchmesser ausstechen. Je 1 Teelöffel Füllung darauf setzen, die Teigränder mit Wasser bestreichen und die Scheiben zum Halbmond zusammenklappen. Die Ränder gut andrücken, damit die Ravioli beim Kochen nicht aufspringen.

Für die Sauce etwas Olivenöl erhitzen und die Zwiebel darin anziehen lassen (bis sie duftet). Dann das gewürfelte Fleisch und die Pancetta zugeben und gut anbräunen. Das Tomatenmark darunter rühren, mit Wasser ablöschen und mit Lorbeerblatt und einer Prise Pfeffer würzen. Auf kleinster Flamme 1 Stunde schmoren lassen, abschmecken. Vor dem Servieren die Fleischwürfel aus der Sauce nehmen und die Sauce durch ein Sieb passieren.

Die Ravioli in kochendem Salzwasser al dente garen und auf vorgewärmten Tellern anrichten. Den Sugo und die Fleischwürfel nach Gusto darüber geben.

Agnello all'erbe

Milchlamm mit Kräutern

Nur beim Milchlamm, das noch kein Gras oder Heu gefressen hat, geht Giuseppe Barone verschwenderisch mit Kräutern um. Sonst ist er, wie in Sizilien üblich, mit dem Würzen zurückhaltend: «Um den Eigengeschmack des Fleisches nicht zu übertönen», wie er sagt.

Für den Lammjus:
500 g Lammknochen, vom Metzger klein gehackt
kaltgepresstes Olivenöl
100 g Röstgemüse (Stangensellerie, Karotte, Zwiebel, fein gewürfelt)
1 l Wasser
1 Lorbeerblatt
1 Thymianzweig

½ EL gewässert gesalzene Kapern
1 Knoblauchzehe
1 Rosmarinzweig
4 Salbeiblätter
1 Zweig Minze oder Basilikum
2 Petersilienstiele
1 kg Milchlamm, ganze Vorder- oder Hinterseite, in Portionsstücke geteilt
Salz und Pfeffer aus der Mühle
100 ml Weisswein
¼ l Lammjus

Für den Jus die Knochen in etwas Olivenöl anbraten, das Röstgemüse einstreuen und mitbraten. Mit Wasser ablöschen, Lorbeer und Thymian dazulegen und aufkochen. Den auftretenden Schaum abschöpfen, die Hitze reduzieren und die Brühe 2 Stunden köcheln lassen. Dabei das Fett, das sich an der Oberfläche absetzt, entfernen. Den Jus zum Schluss durch ein feines Sieb abgiessen.

Kapern, Knoblauch und Kräuter hacken und in mässig heissem Olivenöl andünsten. Die Hitze nun erhöhen, das Lammfleisch dazugeben und von allen Seiten kräftig anbraten. Vorsichtig salzen (wegen der Kapern), pfeffern und mit Weisswein ablöschen. Etwas Lammjus angiessen und im 200 °C heissen Ofen 30 Minuten weiterbraten. Dabei immer wieder etwas Lammjus zufügen und das Fleisch im Saft wenden und damit begiessen.

Als Beilage passen knackige, rohe Peperonistreifen (weil sie erfrischen) und gedämpfte Topinambure.

Der kulinarische Tipp ❅ Der Topinambur passt gut zu diesem Lamm. Er hat einen verhaltenen Artischockengeschmack. Dieser kommt besonders gut zur Geltung, wenn Sie die Knollen dämpfen und anschliessend in Olivenöl und Petersilie glasieren.

Piccione delle torri

Turmtaube im eigenen Saft

Nicht nur auf dem Land, sondern auch in der Stadt haben die wohlhabenden Modicani Tauben gezüchtet. Die klassische Zubereitung ist «in brodo», bei der die Vögel gesotten werden, damit sie eine kräftige Brühe ergeben. Im folgenden Rezept konzentriert sich das ganze Aroma in der Sauce.

4 Tauben, küchenfertig vorbereitet
Salz
1 Gewürznelke
2 Pfefferkörner
1 Rosmarinzweig
kaltgepresstes Olivenöl
10 g Bitterschokolade

Taubenfond:
150 g Röstgemüse (Stangensellerie, Karotte, Zwiebel, fein gewürfelt)
200 ml Rotwein
2 l Wasser
1 Bouquet garni aus Lorbeerblatt, Rosmarin, Thymian

Von den Tauben die Schenkel abtrennen und das Brustfleisch vom Knochen lösen. In Folie wickeln und kühl stellen.
Für den Fond die Karkassen klein hacken und in Olivenöl kräftig anbraten. Das Röstgemüse dazugeben und mitbraten. Mit Rotwein ablöschen und diesen einkochen lassen. Dann mit Wasser auffüllen, das Bouquet garni dazugeben und alles aufkochen. Den auftretenden Schaum abschöpfen und die Brühe 2 Stunden köcheln lassen. Danach durch ein feines Tuch passieren, entfetten und auf 200 ml Fond einkochen.
Die Schenkel und das Brustfleisch der Tauben salzen und mit dem grob zerstossenen Gewürz (Nelke und Pfeffer) und fein gehacktem Rosmarin einreiben. In heissem Olivenöl kräftig anbraten, dabei immer wieder mit der Pfanne rütteln, damit der Fleischsaft heraustritt. Das Brustfleisch rosa herausnehmen und warm halten. Die Schenkel noch 8–10 Minuten weiterbraten, heraus nehmen und warm halten. Den Bratensatz mit dem Fond ablöschen. Falls nötig, nachsalzen und die Schokolade stückchenweise einrühren.
Das Taubenfleisch auf vorgewärmten Tellern anrichten und mit der heissen Sauce überziehen.
Als Beilage passt dazu eine Caponata (Seite 40, 76) oder süss-saurer Kürbis, der ähnlich zubereitet wird.

Der kulinarische Tipp ❄ Der süss-saure Kürbis (Zucca gialla in agrodolce) ist typisch für den spanisch beeinflussten Südosten Siziliens. Anders als bei der Marmelata di zucchine (Seite 17) braucht man dafür den gelben Riesenkürbis. Er wird gewürfelt, gebraten, karamelisiert und zum Schluss mit Essig abgelöscht.

Gelo di mandorle abbrustolite

Mandelmilchköpfchen

Mandelmilchgelee gibt es auch unter der Bezeichnung «Biancomangiare», das aus weissen, ungerösteten Mandeln zubereitet und gelegentlich mit Kuhmilch ergänzt wird. Früher seien die Geleespeisen an heissen Sommernachmittagen beliebte Erfrischungen gewesen, erzählt Giuseppe Barone.

140 g Mandeln
600 ml Wasser
30 g Weizenstärke
60 g Zucker
abgeriebene Schale von 1 Zitrone

Etwa 100 g Mandeln auf ein Backblech legen und ungefähr 10 Minuten im 200 °C heissen Ofen rösten. In ein Küchentuch wickeln und die gelösten Häutchen abreiben. Die restlichen Mandeln in kochendem Wasser blanchieren und häuten. Alle Mandeln mahlen und in einer Schüssel miteinander vermischen. Mit heissem Wasser übergiessen und 30 Minuten ziehen lassen. Danach durch ein Tuch abseihen und die Flüssigkeit auffangen. Den Mandelbrei dabei gut ausdrücken, um möglichst viel Milch zu erhalten.

Die Weizenstärke mit etwas Mandelmilch kalt anrühren. Die restliche Mandelmilch mit dem Zucker zum Kochen bringen. Die angerührte Stärke zugiessen. Vorsichtig (damit nichts anbrennt!) und unter ständigem Rühren 3–5 Minuten auf kleiner Flamme kochen, bis die Creme bindet. In vier kalt ausgespülte Puddingförmchen giessen und im Kühlschrank fest werden lassen. Zum Servieren stürzen und Zitronenschale darüber reiben.

Der kulinarische Tipp ❄ Weizenstärke müssen Sie immer kalt anrühren, damit sich keine Klümpchen bilden.

Mandelmilchköpfchen.

Ricotta montata con salsa di cioccolato amaro

Geschlagener Ricotta mit dunkler Schokoladesauce

In der Provinz Ragusa, zu der Modica gehört, werden traditionellerweise Kühe – keine Schafe – gehalten. Der Ricotta aus Kuhmilch ist weniger fett, weshalb man ihm manchmal Rahm zusetzt. Giuseppe Barone nennt die Erinnerung daran, wie er als Kind an einem schneeweissen kühlen Klacks schlecken durfte, ein «absolutes Glücksgefühl».

400 g Kuhmilch-Ricotta
80 g Puderzucker
1 Eiweiss
120 g Rahm

Schokoladesauce:
140 g dunkle Schokolade
4 EL Wasser
2 EL Rahm

Den Ricotta gut abtropfen lassen (mindestens seit dem Vortag), durch ein Sieb streichen und mit dem Zucker schaumig rühren. Das Eiweiss zu Schnee schlagen und darunter ziehen. Zum Schluss den geschlagenen Rahm unterheben.

Die Schokolade zerbröckeln. Zusammen mit dem Wasser und dem Rahm in eine Schüssel geben und unter Rühren im Wasserbad schmelzen.

Von der Ricottamasse Klösschen abstechen, auf Teller verteilen und mit der noch warmen Sauce umgiessen.

Der kulinarische Tipp ❄ Wann immer Sie die Gelegenheit erhalten, frischen, unpasteurisierten Ricotta zu bekommen, ergreifen Sie sie!

Das Caffè an der spanischen Treppe

Nur in Noto haben Löwen Lockenmähnen. Sie grinsen grotesk von den Balkonen des Palazzo Nicolaci. Unten spazieren Schulmädchen Arm in Arm und schlecken Eis. In gebührlichem Abstand folgen die Ragazzi. Es ist später Nachmittag. Die Sonne schickt gezackte Muster über die Treppenrampe des alten Klosters. Drei Männer an der Ecke rücken ihre Stühle in die Wärme.

Noto ist die prächtigste Barockstadt Siziliens. Oder sie wäre es, wenn man sie nicht verfallen liesse. Ihre barocke Entstehung verdankt sie wie Ragusa und Modica dem katastrophalen Erdbeben von 1693. Nun bereiten weit jüngere Erdbeben und dazu die verschlampten Sanierungen ihren neuerlichen Untergang vor. Oder vielleicht scheint es nur so. In Sizilien ist alles immer wieder anders. Wie auch im Caffè Sicilia.

Mitten in der bröckelnden Hochburg von Klerus und Adel befindet sich die älteste Konditorei der Stadt. Als die blaublütigen Familien noch ihre steingeschnitzten Paläste bewohnten, war es exklusiv das Caffè ihres Standes. Kein Bürgerlicher hätte es gewagt, dort auch nur seine Fussspitze hineinzusetzen. Corrado Assenza amüsieren die in den Beben untergegangenen Dünkel. Zusammen mit seinem Bruder Carlo hat er die Konditorei erneut zum Inbegriff für feinste Süsskost gemacht. Exklusiv!

Corrado Assenzas Marmeladen sind wenig süss und stecken voller Aromen. Dafür schuftet dieser Mann.

Dafür schuftet dieser Mann. An jeder einzelnen seiner Marmeladen und Konfitüren hat er jahrelang getüftelt, bis sie mit einem Minimum an Zucker auskommen und das ganze Fruchtaroma behalten. Die Orangenmarmelade zum Beispiel macht er aus einer blonden Sorte, die aus wirtschaftlichen Grünen im Herbst geerntet wird. Seine Früchte hingegen lässt er bis weit in den Winter an den Bäumen ausreifen, was eine entschieden andere Geschmacksintensität ergibt.

Überhaupt ist es der Geschmack, mit dem sich Corrado Assenza intensiv beschäftigt. Dieser sei bei allen Menschen an Erinnerungen gebunden, sagt er, und bei ihm seien sie unauslöschlich. Er holte sie sich als kleiner Bub im Caffè, das damals seiner Tante gehörte, oder zu Hause in der Küche oder wenn er mit seinem Vater die Mandeln auflas oder wenn er im Hühnerstall die noch warmen Eier aus dem Stroh klaubte. Solche Erinnerungen trieben ihn von der Universität in Bologna zurück nach Noto. Heute treiben sie ihn auf die Suche nach den besten Rohstoffen wie den Pistazien aus Bronte, dem Honig aus dem Anapotal oder den Mandeln von Avola (siehe Seite 122).

Diese raren und teuren Mandeln liebt er wegen ihres hohen Ölgehalts, das seine Torrone und sein Marzipan zu den feinsten macht. Das langsame, schonende Arbeiten sei hierbei aber oberstes Gebot, erklärt der Handwerker, während er die Cassata für unser Buch verziert. «Die Amerikaner sagen, ‹time is money›. Ich aber sage, durch die Langsamkeit werden meine Werke besser.» Gegenwärtig beschäftigen ihn ungewöhnliche Kombinationen von Rohmarzipan mit Gewürzen und Kräutern oder von Honig mit Essenzen und andere.

«Ich bin Sizilianer, und ich liebe den Barock», bekennt er. «So weiss ich auch, wie man Bluff betreibt: Wenn die Fassaden üppig verziert sind, schaut keiner genau dahinter. Ich mag es umgekehrt. Ein fulminantes Geschmackserlebnis übertrifft alles.»

Wiederholte Erdbeben und der bröckelnde Tuffstein machen Noto zu schaffen. Dass die Domkuppel von San Nicolò im März 1996 einstürzte, deuten deshalb manche als Fingerzeig.

Mitten unter Notos Tuffsteinpalästen befindet sich auch die älteste Konditorei des Ortes, das Caffè Sicilia. Einst war ihr Besuch dem Adel vorbehalten; heute sorgt Corrado Assenza, zusammen mit seiner Frau und seinem Bruder, für eine Qualität von Dolci auf aristokratischem Niveau.

Cassata siciliana

Mit Ricotta gefüllte Festtagstorte

Die sizilianische Cassata gilt als die Krone der festlichen Desserts. Sie hat eine lange Geschichte, die bei den Arabern angefangen hat und in den Klöstern fortgesetzt wurde, wo sie die grosse Osterspezialität war. Heute prunkt die Cassata auch auf den Tafeln von Hochzeiten, Taufen und sonstigen festlichen Anlässen.

Für 8 Personen:
4 Eier
130 g Zucker
1 TL Vanillezucker
125 g Mehl (zusätzlich Mehl zum Arbeiten)
50 g geschmolzene Butter
230 g Rohmarzipan, evtl. grün gefärbt
4 EL Fruchtsirup mit etwas Brandy oder Rum vermischt
750 g Ricotta, möglichst Schafsmilchricotta
1/4 TL Salz
160 g Puderzucker
3 EL Wasser
1–2 Tropfen Zitronensaft
kandierte Früchte wie Birne, Feigen, Orangenschalen
50 g Bitterschokolade

Cassata siciliana.

Eier, Zucker und Vanillezucker zu einer luftigen Schaummasse aufschlagen. Das Mehl sieben und nach und nach vorsichtig unterheben. Mit der letzten Portion Mehl die Butter zugeben. Den Teig in eine mit Backpapier ausgelegte Springform von 23 cm Durchmesser füllen und im 175 °C heissen Ofen 30 Minuten backen. Das Biscuit in der Form abkühlen lassen. Anschliessend waagerecht in 1 1/2 cm dicke Scheiben schneiden.

Das grüne Marzipan geschmeidig kneten und zu einem langen Band ausrollen. Eine runde Tortenform mit dem gleichen Durchmesser wie das gebackene Biskuit leicht bemehlen und den Rand mit dem Marzipanband auslegen. Die Enden übereinanderlegen und gut andrücken.

Die erste Biscuitscheibe – mit der Schnittseite nach oben – auf den Boden legen und mit etwas beschwipstem Fruchtsirup beträufeln. Den Ricotta leicht salzen und mit 80 g Puderzucker zu einer cremigen Masse rühren. Diese gleichmässig auf die erste Biscuitscheibe streichen und mit der zweiten bedecken. Mit dem restlichen Fruchtsirup beträufeln und das Ganze sich einige Minuten setzen lassen. Ein passendes Tortenpapier darauf legen, darauf einen grossen Karton oder eine Tortenplatte und die Torte wenden. Die Form vorsichtig abheben.

Den restlichen Puderzucker mit etwas Wasser und Zitronensaft zu einer dickflüssigen Paste rühren und im Wasserbad erwärmen. Über die Tortenoberfläche giessen und gleichmässig verstreichen, dabei den Marzipankragen sauber halten. Die kandierten Früchte und Orangenschalen in beliebige Formen schneiden und die Torte damit verzieren. Die Schokolade im Wasserbad schmelzen, in ein Spritztütchen füllen und als Ornament um den Tortenrand spritzen.

Der kulinarische Tipp ❅ Sie können sich auch ein fertiges englisches Biscuit beim Bäcker besorgen und dieses passend zurechtschneiden.

Die alles beherrschende Kuppel von San Giorgio ist das Wahrzeichen von Ragusa Ibla.

Die Mandeln von Avola

Eckig und gespreizt stehen die Mandelbäume im Winter. Erst wenn duftende Wolken in Weiss und Rosa das nackte Holz verzaubern, erwachen sie wieder zum Leben. Die Blüten sind die ersten Boten des Frühlings. Noch vor etwa dreissig Jahren habe die ganze Landschaft um Noto und Avola wie ein Blütenmeer ausgesehen, erzählen die Mandelhändler Giovanni und Attilo Pagliarello. Dann seien die Zitrusplantagen gekommen und die Bauern hätten die Mandeln aufgegeben. Heute würden sich die Orangen und Zitronen auch nicht besser rentieren, so dass sich eine Rückkehr zum Mandelanbau in ganz Sizilien, ja in Süditalien überhaupt abzeichne. Im Rahmen der von der EU geförderten Agrarstrukturen soll die jährliche Steigerung zehn bis fünfzehn Prozent betragen.

Bevor Notos Bauern auf Zitrusfrüchte umstiegen, gedieh auf der Insel eine Vielzahl von Mandelsorten. Genauso wie es bei uns verschiedene Apfel- und Birnensorten gibt. Die Mandeln lieferten den Mönchen und Nonnen in den Klöstern die Grundzutat für ihr Marzipan, die «pasta reale». Aus der Mandelmilch wurden die typischen sizilianischen Erfrischungen Gelo und Granita (Seite 116 und Seite18) zubereitet. In der Umgebung von Noto ergaben Klima und Boden besonders ölhaltige und aromatische Sorten wie die Pizzutella. Aus Kreuzungen mit ihr entstand die Pizzuta d'Avola, die im letzten Jahrhundert zur Primamandorla aller gehandelten Mandeln wurde und diesen Status bis heute nicht verloren hat. Auch bei den Konditoren und Cioccolatieri im Norden ist sie eine begehrte Rarität.

Bis vor dem Zweiten Weltkrieg lieferte Sizilien seine Mandeln praktisch in die halbe Welt. Durch seine Auswanderer gelangten die Samen in die USA, und es entstanden die riesigen Plantagen von Kalifornien. Deren Mandeln sind heute die stärkste Konkurrenz. Laut unseren Händlern von Noto jedoch nur was die Menge, nicht was die Qualität betrifft. «Was wir anbauen, ist nur ein Tropfen auf den heissen Stein», sagen sie. «Die gesamte italienische Produktion vermag ja nicht einmal den italienischen Markt zu decken. Für uns im Süden gibt es also nur eine einzige Chance, um neben der Konkurrenz existieren zu können, und das sind die besseren Mandeln.»

Der Mandelanbau wurde von den alten Bauern aufgegeben, weil er nichts einbrachte. Heute beginnt sich das Blatt zu wenden.

Die Avola-Mandeln haben einen hohen Gehalt an ätherischen Ölen. Das macht sie zu einem begehrten, wenn auch raren Rohstoff für Europas Konditoren.

Cacahuátl in Modica

Als Hernán Cortés aus Mexiko zurückkehrte, befanden sich unter seiner Beute auch Kakaobohnen und dazu Kostproben eines Getränks, das als «Schokolade» den Hof Karls V. betörte. Es war noch eine Vollwertschokolade, bei der alle Bestandteile der Kakaobohne zu einer Paste verrieben wurden. Die Spanier ergänzten später das Rezept mit Vanille, Zimt und etwas Chili. Und sie fügten Zucker hinzu.

In Modica, dem barocken Südostzipfel Siziliens, trifft man sie unerwartet wieder, diese archaische Schokolade. Modica ist eine ehemalige spanische Grafschaft. Die Stadt teilt sich in ein Oben und Unten, wobei unten, in Modica bassa, die Paläste der Oberen und die Adressen der Besseren zu finden sind. Die Standesregeln wurden hier nach dem Erdbeben von 1693 städteplanerisch auf den Kopf gestellt. Und unten befindet sich die Antica Dolceria Bonaiuto, die nicht nur die alte spanische Schokoladenherstellung wieder aufnahm, sondern auch andere traditionelle Süsswaren wie die eingekochten Zitrusfruchtschalen, Aranciata und Zedrata, die man früher zur besseren Verdauung genoss. Oder das Gebäck aus Johannisbrotmehl und die eigentümlichen Krapfen, die mit einer Mischung aus Fleisch, kandierten Früchten und Schokolade gefüllt sind. Diese «Mpanatigghi» oder «kleinen Impante» sind barocke Naschkost für den ersten Hunger vor dem Essen oder zum Schnabulieren zwischendurch und, wie so manches aus dieser sizilanischen Ecke, gibt es sie nirgendwo sonst auf der Insel. «Die wahre Dimension der Sizilianer ist das Barocke, auch in den Seelen», sagte einmal Leonardo Sciascia in einem Interview. Dieser Schriftsteller, den wir im Norden viel zu einseitig wahrnehmen, liebte gutes Essen. Und er liebte Modica.

Die Antica Dolceria Bonaiuto pflegt noch als einzige die spanisch-kreolische Tradition der Schokolade. Wie das mexikanische Original ist es eine Vollwertschokolade, bei welcher die Bestandteile der Kakaobohne ungetrennt zu einer Paste verrieben werden. Aus dieser Tradition leiten sich denn auch verschiedene Rezepte ab, die nur in der Gegend von Modica und Ragusa vorkommen.

In Pachino am Capo di Passero reiften einst Trauben für den viel gerühmten Süsswein Moscato di Noto. Heute prägen Treibhäuser das Bild.

Schnecken, «babaluci», sind aus der sizilianischen Küche nicht wegzudenken. Strassenhändler verkaufen sie an jeder Ecke und verraten gern die Zubereitung: Erst lässt man sie drei Tage fasten, dann werden sie in Knoblauch und Kräutern gedünstet und schliesslich als Fingerfood verspeist. «Fimmine vasate, vavaluci sucati» lautet der obligate Essspruch dazu, was ungefähr heisst: Küssen und Schmatzen tönt beides gleich.

Ristorante Majore Chiaramonte Gulfi

Das «Majore», selbstbewusst nach seinen Besitzern benannt, ist eine Kultstätte. Das Heiligtum selber betritt man ohne Umschweife durch die Küche, wo ein riesiger Holzherd Behaglichkeit verströmt. In Kupferkesseln brodeln Suppen, in einer Pfanne brutzeln Koteletts. Es duftet aus allen Ecken, würzig und gut. Wer draussen auf der Piazza gerade nur ein wenig Appetit verspürte, wird jetzt von Essenslust überwältigt. Die Familie Majore eröffnete dieses Restaurant im Jahre 1896, und schon immer hat das Schwein darin die Hauptrolle gespielt. «Qui si magnifica il porco», steht auf einer Kachel neben dem Herd geschrieben. Chiaramonte Gulfi liegt so hoch in den ragusanischen Bergen, dass es dort im Winter richtig kalt wird und sich die Zucht von speckigen Borstentieren vor Jahrhunderten schon etablierte. Das «Majore» kauft sie bei den Bauern von den umliegenden Höfen und verwandelt sie in der eigenen Metzgerei in Salami, Capocollo, Bratwurst und all die Leckerbissen, für die es in ganz Sizilien berühmt ist. «Wir arbeiten noch altmodisch, das heisst mit viel Handarbeit, viel Personal, viel Zeit. Das alles macht unsere Qualität aus», meint Salvatore Majore, Patron in der vierten Generation. Es klang überzeugt, so dass die Tradition noch eine Weile gesichert scheint.

Gelatina

Fleischsülze

Wer hier in den Bergen ein Schwein hat, macht auch die Sülze selber. Gewöhnlich werden dafür die minderwertigen Fleischstücke verwendet, wie bei uns für Schwartenmagen und Presskopf. Im «Majore» widmet man sich der Sülze mit Hingabe: Nur das Beste ist gut genug! Was sie denn auch zur besten Sülze weit und breit macht.

2 Schweinsfüsschen oder -haxen
1 kg Schweineschulter mit Knochen
1 Zwiebel, mit 1 Lorbeerblatt und 1 Gewürznelke gespickt
1 Stengel Stangensellerie oder etwas Selleriegrün
1 Petersilienzweig
2 1/4 l Wasser
Salz
50 ml Weissweinessig

Die Schweinsfüsschen und das Fleisch mit dem Würzgemüse in einen grossen Topf geben. Mit kaltem Wasser bedecken und zum Kochen bringen. Den auftretenden Schaum abschöpfen, salzen und bei schwacher Hitze 3 Stunden kochen lassen. Das Fleisch aus der Brühe nehmen, vom Knochen lösen und in mundgerechte Stücke schneiden. Die Schweinsfüsschen entfernen. Die Brühe nochmals entschäumen und entfetten, durch ein Sieb passieren und zur Hälfte einkochen. Zum Schluss mit Essig abschmecken. Die Fleischstücke in eine Schüssel legen. Mit der Brühe übergiessen und kühlgestellt gelieren lassen. Mit sauer eingemachtem Gemüse oder Salat geniessen.

Der kulinarische Tipp ❅ Wenn Sie eine grössere Portion Sülze machen, können Sie noch andere Fleischstücke, nicht nur die Schulter, zusätzlich verwenden. Die Füsschen und den Knochen benötigen Sie zum Gelieren.

Fleischsülze.

Risotto alla majorese

Risotto mit Schweinsragout

Die Vorlage für dieses Ragù sei vielleicht einmal das Bologneser Ragout gewesen, meint man im «Majore». Auch sonst scheinen Gemeinsamkeiten zwischen den beiden, sonst geografisch weit entfernten Küchen zu bestehen.

1 Zwiebel
1 Lorbeerblatt
kaltgepresstes Olivenöl
200 g mageres gehacktes Schweinefleisch
1 1/2 EL Tomatenmark
300 g Risotto-Reis (Carnaroli, Arborio, Vialone Nano)
50 ml Rotwein
etwa 1/2 l Fleischbrühe
50 g junger Ragusano-Käse, gewürfelt
50 g reifer Ragusano-Käse, gerieben

Die Zwiebel fein schneiden und mit dem Lorbeerblatt in heissem Olivenöl glasig dünsten. Das gehackte Schweinefleisch zugeben und unter Rühren anbraten. Das Tomatenmark darunter rühren. (Vorsicht, dass es nicht anbrennt!) Dann den Reis zufügen, mit Rotwein ablöschen und etwas

Fleischbrühe angiessen. Bei mässiger Hitze unter ständigem Rühren und weiterem Zugiessen von Brühe den Risotto al dente garen, das heisst, die Reiskörner müssen noch etwas Biss haben und der Risotto soll sämig sein. Vor dem Anrichten den Käse unterziehen. (Salz braucht man nur, wenn die Fleischbrühe nicht gesalzen ist.)

Der kulinarische Tipp ❅ Der Ragusano ist wie der Caciocavallo (siehe Seite 32) ein sogenannter Knetkäse. Er hat eine viereckige Form (von den Holzkästen, in die er nach dem Kneten gepresst wird), und es gibt ihn in verschiedenen Reifestadien. Wer keinen Ragusano findet, behilft sich am besten mit Pecorino.

Ravioli con stufato di maiale

Ravioli mit geschmortem Schweinefleisch

Ravioli, mit Ricotta gefüllt und mit einem Sugo übergossen, sind ein traditionelles Gericht dieser Gegend (siehe Seite 114). Geschmacklich sorgt der Majoran für Überraschung. Und der Sugo natürlich, der im «Majore» unübertrefflich ist. Die Fleischqualität, das langsame Schmoren auf dem Holzherd, das würzige Tomatenmark spielen alle eine Rolle.

350 g Ravioliteig (siehe Seite 44)
250 g Kuhmilch-Ricotta
Salz
2–3 Zweige Majoran
500 g Schweinefleisch zum Schmoren, in Würfel geschnitten
kaltgepresstes Olivenöl
1 Zwiebel, gehackt
1 Lorbeerblatt
2 EL Tomatenmark
100 ml Rotwein
etwa 1/2 l Fleischbrühe

Den Ravioliteig möglichst dünn ausrollen und in 5 cm breite Bänder schneiden. Den Ricotta vorsichtig salzen und mit fein geschnittenem Majoran vermengen. Diese Füllung häufchenweise im Abstand von 5 cm auf einem Band verteilen. Die Teigränder mit Wasser bestreichen. Mit einem zweiten Band bedecken, die Ränder und Zwischenräume fest andrücken und die Ravioli mit einem Messer voneinander trennen.

Die Fleischwürfel in heissem Olivenöl anbraten. Die Zwiebel und das Lorbeerblatt zufügen und das Tomatenmark darunter rühren. (Vorsicht, dass es nicht anbrennt!) Mit Rotwein ablöschen und mit Fleischbrühe auffüllen. Über sachter Hitze in 2–3 Stunden weich schmoren.

Die Ravioli in kochendem Salzwasser al dente garen und gut abgetropft in vorgewärmte, tiefe Teller geben. Das butterzarte Ragout darüber verteilen.

Der kulinarische Tipp ❅ Wenn die Sizilianer von Tomatenmark reden, meinen sie immer das urnatürliche Tomatenmark des Südens, das einzig an der Sonne zustande kommt. Man kann es nur vor Ort kaufen. Weil manche dieser Extrakte salzig sind, muss man sie vor der Verwendung probieren.

Costata di maiale ripiena

Gefülltes Schweinekotelett

Das gefüllte Schweinekotelett ist im Grunde genommen eine Miniaturausgabe des wohl prunkvollsten sizilianischen Fleischgerichts, des «Falsomagro» oder der gefüllten Kalbsbrust. Das Kotelett im «Majore» ist auch sonst «hohe Küche»: Trotz der Opulenz ist es nicht schwer, weil sämtliches Bratenfett erbarmungslos weggeschüttet wird.

4 dick geschnittene Schweinekoteletts mit Knochen
100 g mageres, gehacktes Schweinefleisch
4 Scheiben Salami, in Würfel geschnitten
60 g reifer Ragusana-Käse (oder Pecorino), in Würfel geschnitten
2 hart gekochte Eier
Salz
Schweineschmalz bester Qualität oder Bratbutter
1/2 l Rotwein

In die Schweinekoteletts eine Tasche schneiden. Das gehackte Fleisch mit den Salami- und Käsewürfeln vermischen und in die Taschen füllen. Die Eier schälen, halbieren und dazulegen. Die Öffnung mit einem Hölzchen verschliessen. Die Koteletts salzen und in Schweineschmalz von beiden Seiten anbraten. Mit dem Rotwein ablöschen und auf kleiner Flamme 30 Minuten schmoren. Die Koteletts herausnehmen und ohne Bratensauce oder Fett nur mit einem knackigen Blattsalat servieren.

Gefülltes Schweinekotelett.

Belvedere oder einfach die schöne Aussicht, sich gastfreundlich überraschen zu lassen

Schon «Belvedere» klang wie eine Verheissung, eine, die ähnliche Erlebnisse von gastfreundlicher Art vorausnahm: Wir waren mit Herumreisen zwischen die sizilianischen Essenszeiten gefallen und hatten – viel zu früh! – Hunger. Der Mann, der vor dem Haus wischte, machte eine unbestimmte Bewegung, verschwand durch die Tür, tauchte wieder auf, diesmal mit weisser Schürze umgebunden, und winkte uns heran. Es wurde ein eindrücklicher Abend. Zum Wein bekamen wir Oliven serviert und ein Stück von der «runzligen» Foccacia. Irgendeinmal rief man uns, um den unendlichen Reigen der Antipasti zu bestaunen: das marinierte Gemüse, die frittierten Krapfen und Reisbällchen, die eingelegten Sardellen und Pilze, die kalten Salate und lauwarmen Aufläufe. Wir machten den Fehler, den nur Touristen begehen, und hatten für die Pizza danach gerade noch höflichen Hunger. Was wir zahlten, war bescheiden, und die schöne Aussicht wurde zur schönen Erinnerung. Im Laufe unserer Reise wiederholten sich diese Erlebnisse, wenn auch immer neu und anders. Im «Baglio Vajarassa», das eigentlich ein Hof mit Agritourismus ist, wurden wir wie in einer grossen Familie aufgenommen oder in der «Foresta» von Pantalica mit den eindrücklichsten Stimmungen gefüttert, die immer entstehen, wenn Sizilien zum Essen pilgert: Büffets, beladen wie kulinarische Altäre, die Nonna in der Trattoria «Alla Lanterna», die «Impanate» in den Brotofen schiebt. Rituale ohne Ende.

Das gastfreundliche Team im «Belvedere».

Bei Dino Agate im «Baglio Vajarassa» sitzen die Gäste rund um den grossen Familientisch.

Faccia di vecchia

«Runzlige» Focaccia

400 g Weissmehl
20 g Hefe
ca. 1/4 l lauwarmes Wasser
2 EL Olivenöl
1 kleiner roter Peperoncino
1 EL getrockneter Oregano
Meersalz

Das Mehl im Kranz auf ein Brett sieben. Die Hefe im lauwarmen Wasser auflösen und in den Krater giessen. Das Olivenöl zufügen und alles zu einem geschmeidigen Teig kneten. Zur Kugel formen, in eine Schüssel geben, mit einem Tuch bedecken und warm gestellt auf das doppelte Volumen aufgehen lassen. Danach nochmals gut durchkneten. Die Handflächen mit etwas Olivenöl einreiben und den Teig zu einem dünnen Fladen von etwa 1/2 cm Dicke ausziehen. Auf ein eingeöltes Backbleck legen und mit fein gehacktem Peperoncino, getrocknetem Oregano und einigen groben Salzkörnern bestreuen. Mit der Gabel tiefe Rillen («Runzeln») ziehen und den Teig zugedeckt noch einmal gehen lassen. Im 230°C heissen Ofen 10–15 Minuten backen. Danach in Stücke schneiden und noch warm zum Aperitif servieren.

Wenn Sizilien zum Essen pilgert: Seine Büffets sind nichts anderes als kulinarische Altäre.

Peperonata

Peperonigemüse

2 weisse Zwiebeln
4–5 fleischige rote Peperoni (Paprika)
4–5 EL Olivenöl
2–3 reife Tomaten
Salz
6 Basilikumblätter

Die Zwiebeln in feine, die Peperoni in breite Streifen schneiden und im heissen Olivenöl braten. Die Tomaten würfeln und zugeben. Alles gut vermengen, salzen und zugedeckt 10 Minuten schmoren. Den Basilikum in Streifen schneiden und unter das Gemüse mischen. Nach Belieben mit etwas Essig abschmecken. Lauwarm oder kalt geniessen.

Melanzane marinate

Marinierte Auberginen

2 grosse Auberginen, wenn möglich eine bauchige, hellfarbene Sorte
Salz
2 Knoblauchzehen
1–2 EL gehackte Kräuter (Petersilie, Minze, Basilikum)
2–3 EL guter Weinessig
100 ml Olivenöl extra vergine

Die Auberginen der Länge nach in 1/2 cm dicke Scheiben schneiden. Mit Salz bestreuen, um ihnen den bitteren Saft zu entziehen. Eine Stunde stehen lassen, danach mit Küchenpapier trocken tupfen und auf dem heissen Rost grillen. In eine flache Schüssel legen, mit den fein geschnittenen Knoblauchzehen und Kräutern bestreuen. Essig und Olivenöl zu einer sämigen Sauce verrühren und darüber giessen. Vor dem Servieren gut durchziehen lassen.

Funghi porcini arrostiti

Steinpilze vom Grill

400 g Steinpilze
Salz und Pfeffer
1/2 Knoblauchzehe
1 EL gehackte Petersilie
2 EL Zitronensaft
4 EL Olivenöl extra vergine

Die geputzten Steinpilze der Länge nach in Scheiben schneiden und auf den heissen Stein - oder Grill - legen. Rund 8 Minuten garen. Mit Salz und Pfeffer würzen. Auf flache Teller geben, mit ganz wenig fein gehacktem Knoblauch und Petersilie bestreuen. Zitronensaft und Olivenöl zu einer sämigen Sauce verrühren und darüber träufeln.

Insalata di limoni e acciughe

Zitronen-Sardellen-Salat

4 vollreife Zitronen oder wahlweise mit Orangen gemischt
4 eingesalzene Sardellen oder wahlweise
8 Sardellenfilets aus der Dose
1 TL gehackte Petersilie und Minze
1 TL Sultaninen
kaltgepresstes Olivenöl
Pfeffer aus der Mühle

Die Zitronen – oder Orangen – schälen und filetieren. Die eingesalzenen Sardellen waschen und mit Essigwasser gut spülen. Falls nötig, entgräten. In Streifen schneiden und mit den Zitronenfilets auf eine Platte schichten. Die gehackten Kräuter und Sultaninen darüber streuen. Mit Olivenöl übergiessen und mit grob gemahlenem schwarzem Pfeffer nachwürzen.

Impanata al forno

Im Ofen gebackene Brotteigkrapfen

Teig wie für «Faccia di vecchia» (Rezept links)
400 g Tenerumi (siehe Seite 66) oder Spinat
200 g falsches Schweinefilet, gewürfelt
200 g junger Ragusano-Käse oder ersatzweise Pecorino
Salz und Pfeffer aus der Mühle
Mehl zum Arbeiten
evtl. Olivenöl zum Bestreichen

Den Teig in zwei grosse oder vier kleine Portionen teilen und jede zu dünnen Scheiben ausrollen. Mit einem Tuch bedecken und etwas gehen lassen. Unterdessen das Blattgemüse in Salzwasser blanchieren, gründlich ausdrücken und grob hacken. Die Fleischwürfel kräftig anbraten und würzen. Den Käse würfeln. Das Blattgemüse mit den Fleisch- und Käsewürfeln vermengen. Die Füllung auf die eine Hälfte jeder Teigscheibe legen und die andere Hälfte darüber klappen. Die Ränder zum Verschliessen zweimal einrollen. Die Oberfläche der Pastetchen mit Olivenöl bestreichen und mit einer Gabel mehrmals einstechen. Im 230°C heissen Ofen etwa 15 Minuten backen.

Die im Brotofen gebackene «Impanata» ist eine Spezialität von Landtrattorien im Südosten Siziliens.

Die glorreichen Zwei von Vittoria

Auf der Terrasse der Azienda Agicola COS kann man den glühendsten Sonnenunterang erleben und ein Stück sizilianische Geschichte: Nichts als Reben und nochmals Reben, so weit das Auge reicht, und dieses reicht in dieser endlosen Ebene sehr weit. Verstreut liegen Gutshäuser dazwischen, in denen die Bauern lange ihren guten, wenn auch wuchtigen Wein machten. Ausser dem Fässchen für den Eigenbedarf verkauften sie alles an Händler, die die Ware als Verschnittweine absetzten. Daran änderte auch die DOC nichts, die gesetzlich geschützte Herkunftsbezeichnung, die der Cerasuolo di Vittoria seit 1973 hat.

Es brauchte den Eroberungsdrang junger Studenten: Giambattista Cilia, Giusto Occhipinti und Giuseppina Strano, oder einfach COS. In ebenselbem Weingut, das heute zu Siziliens Elite gehört und damals nichts anderes war als eines der Häuser, die man von der Terrasse aus sieht, zettelten sie die Revolution an. Vorläufig sah diese so aus, dass sie ihre erste Traubenlese noch nach alter Väter Sitte mit den Füssen zerstampften. Dann aber bekamen sie önologische Hilfe, sie machten Bildungsreisen, und aus dem Spiel wurde Ernst. «Es traf unseren Stolz, als wir diese Erde mit ihrer fünftausendjährigen Weingeschichte vor uns ausgebreitet sahen, dazu den Wein, den sie hervorbrachte, so dass man daraus im Grunde genommen nur etwas Grossartiges machen konnte», sagt einer der beiden. Längst sind sie keine Studenten mehr, sondern ehrgeizige Architekten – nicht nur des Weinbaus. Giuseppina Strano, das S von COS, ist aus dem Geschäft ausgeschieden.

Die DOC-Bestimmungen für den Cerasuolo di Vittoria erlauben einen Mischsatz aus drei einheimischen Traubensorten: Frappato, Nero d'Avola und Nerello Mascalese. Bei COS überlässt man der Frappato di Vittoria grossen Spiel-

Giambattista Cilia und Giusto Occhipinti, das C und O von COS, sind stolz auf ihren Schatz im Keller: sowohl auf die kleinen Eichenfässer als auch auf den Saft darin.

raum. Sie ergibt duftende, liebliche Weine; von ihr stammen Frucht und Saft. Die Nero d'Avolo hingegen gibt ihnen Struktur und Potenz. Beide Rebsorten werden getrennt gekeltert: Nur die eine vermag es mit der Fassreife aufzunehmen; die Blume der Frappato würde durch das Holz erdrückt. Auch werden die Trauben auf dem zehn Hektaren grossen Gut zu verschiedenen Zeitpunkten gelesen; in jedem Fall früher, als es Tradition ist. Die Frappato behält dadurch Frucht und Säure. Derlei Qualitätsregeln seien im Weinbau normal, tönt eine der Stimmen im klimatisierten Kellergewölbe. Aber die Franzosen hätten auf diesem Gebiet einen Riesenvorsprung. «Wobei», echot die andere Stimme, «jede Weinbauregion ihre Identität hat. Falsch wäre nur, man würde in Sizilien chardonnaysieren oder cabernetisieren, nur weil der Wind aus dieser Richtung bläst.» Dass COS die Nase im Wind hat, ohne nach einer Mode zu tanzen, zeigen ihre Weine. Vom Cerasuolo di Vittoria keltern sie mittlerweile mehrere Typen, eigentliche massgeschneiderte Cerasuolo, bei denen Lage, Reben und Fassreife noch individueller zusammenspielen. Uns brannte natürlich auch die Frage, wie sich Architekt und Weinbauer unter einen Hut bringen lassen. «Sagen wir es so», meinte der eine, «der Wein gestattet uns heute Architekturprojekte, an die wir sonst nicht herangingen. Früher war es umgekehrt: Die Architektur gestattete uns ein Hobby.» «Oder sagen wir es noch anders», ergänzte der andere, «wir machen einen Wein, der nicht allen gefallen muss, und dasselbe können wir uns nun auch in der Architektur leisten.»

Wenn es golden aus den Bäumen glüht

«Es ist der wunderbarste Ort von der Welt. Regelmässig angelegt, scheint er uns doch feenhaft; vor nicht gar langer Zeit gepflanzt, versetzt er ins Altertum. Grüne Beeteinfassungen umschliessen fremde Gewächse, Zitronenspaliere wölben sich zum niedlichen Laubengange.»

J. W. Goethe, Italienische Reise, 1787

«Bei Palma ist wieder schöne, herrliche Gegend, mit abwechselnden Hügeln und Tälern, die alle mit Ölbäumen und Orangengärten besetzt sind. Die hier wachsenden Orangen sind etwas kleiner als die übrigen in der Insel, aber sie sind die feinsten und wohlschmeckendsten, die ich gegessen habe; selbst die von Malta nicht ausgenommen, deren man eine Menge in Neapel findet.»

J. G. Seume, Spaziergang nach Syrakus, 1802

«Habt Ihr denn nie Orangen als Salat gegessen?»
«Doch, manchmal», sagte der Sizilianer. «Aber man hat nicht immer Öl.»
«Eben», sagte ich. «Es ist nicht immer ein gutes Jahr. Öl kann teuer sein.»
«Und man hat nicht immer Brot», sagte der Sizilianer. «Wenn einer seine Orangen nicht verkauft, hat er kein Brot. Und muss die Orangen essen ... So, seht Ihr?»
Und er ass verzweifelt seine Orange, die Finger in der Kälte von Orangensaft triefend.

E. Vittorini, Gespräch in Sizilien, 1941

«Ich erinnere mich an die unerwarteten Duftschwaden von Orangen- und Zitronenblüten, die das wiederkehrende Wunder der reifenden Früchte vorausnahmen.»

E. Consoli, Einführung zu diesem Buch, 1999

Sizilien ohne seine Orangen- und Zitronenbäume «macht gar kein Bild in der Seele», könnte man im Tonfall des Weimarer Dichters fortfahren. Als er auf seiner ersten Italienreise 1787 die Insel besuchte, war aber noch eine andere mediterrane Region für ihre golden leuchtenden Früchte berühmt: die französische und italienische Riviera. Erst durch die schnelleren Verkehrsmittel im neunzehnten Jahrhundert erhielt Sizilien seine führende Produzentenrolle. Eine Rolle, die es bis zum Zweiten Weltkrieg behielt. Als die Araber rund ein Jahrtausend früher die Insel eroberten, hatten sie die Kultur des maurischen Andalusien zum Vorbild. Dazu gehörten die Gärten, in welchen die Zitrussträucher mit ihren Düften, dem immergrünen Laub und dem Farbenspiel der Früchte sorgsam gepflegt

Grosse Zitrusplantagen liegen in der Ebene von Catania, an den Südosthängen des Ätna und längs der Ostküste bis Syrakus. Hier im schluchtigen Tal von Pantàlica wirken die Gärten noch wie ein verwunschenes Paradies.

Den Zauber, den Zitrusfrüchte einst auf die Italienreisenden ausübten, haben sie bis heute nie ganz verloren. Für Länder wie Sizilien sind sie zwar längst zu einem Wirtschaftsfaktor geworden, doch weckt der Duft einer Mandarine oder einer Orange noch immer eine Flut von Erinnerungen.

wurden. Nicht zum wirtschaftlichen Nutzen, sondern zum ästhetischen Genuss. Neu pflanzten diese Herrscher des Mittelmeers die Bitterorange, während verschiedene Zitronenarten, auch Limonen und Zedratzitronen, schon von den Römern geschätzt wurden.

Alle anderen Zitrusfruchtsorten gelangten später in die mediterranen Länder. Auch nach Sizilien. Die süsse Orange verbreitete sich durch die Portugiesen, und die Bergamotte war mit ihrem betörenden Parfüm die Lieblingsfrucht der Renaissance. Einen Umweg über England und Malta machten die Mandarinen; doch gehörten Mandarinenplantagen schon im achtzehnten Jahrhundert zum Landschaftsbild von Palermo. Jünger sind die Clementinen. Sie entstanden aus einer zufälligen Kreuzung von Bitterorange und Mandarine. Die erste Frucht tauchte in einem algerischen Klostergarten auf, durch welche letztlich der fromme Gärtner, der Pater Clement hiess, unsterblich wurde.

Den Zauber, den die Zitrusfrüchte auf die Araber und später auf die Italienreisenden aus dem Norden ausübten, haben sie bis heute nie ganz verloren. Der Duft einer Mandarine weckt Sehnsüchte nach Weihnachten; selbst unter Sizilianern. Dabei sind die echten Mandarinen, zu denen halt die Kerne gehören, gar nicht mehr leicht zu finden. Mit nostalgischen Erinnerungen verbinden sich auch die Blutorangen. Erinnerungen an den Winter, an Fasnachtsumzüge, denen die Kinder hinterherrannten, um die rötlichen Früchte, in das Seidenpapier mit dem lachenden Mohren gewickelt, einzusammeln. Die Blutorangen sind eine Besonderheit Siziliens. Für die Rötung des Fruchtfleisches, manchmal auch der Schale benötigen sie die wechselnden Temperaturen von warmen Tagen und kalten Nächten, wie es sie im Winter um den verschneiten Ätna gibt. Je dunkler so eine Orange ist, umso «dunkler» oder herber scheint ihr Aroma. Am rötesten sind die Sanguinelli, während die Moro sich durch mehr Säure auszeichnen. Die Tarocco gelten als die edelsten und feinsten.

Ein Wunder für sich ist auch der Zitronenbaum. In vier Zyklen innerhalb eines Jahres blüht er und trägt gleichzeitg Früchte. Die Früchte aus den verschiedenen Perioden unterscheiden sich äusserlich wie auch geschmacklich. Für den hausgemachten Likör etwa, den Limoncello, verwenden die Sizilianerinnen die noch grünlichen Zitronen aus der ersten Blüte. Diese «Primofiore» wechseln erst durch die Kälteeinwirkung im November zur Farbe Gelb. Ähnlich wie die späteren Winterzitronen, die als einzige wirklich am Baum gelb herausleuchten. Ganz im Gegensatz zu den «Verdelli», den Sommerzitronen, die von Natur aus grün oder grünlich bleiben. Reif sind sie trotzdem, und Kenner schätzen sie wegen ihrer erfrischenden Säure. Weil es für den internationalen Markt jedoch bequemer ist, wenn alle Zitronen gleich aussehen, lässt man sie vor dem Versand in klimatisierten Kammern künstlich gelb «reifen». Die Cooperativa Salamita (siehe Seite 34/35) liefert als eine der wenigen Produzenten ihre Verdelli unbehandelt, ungespritzt und baumfrisch an die Händler im Norden.

Frische Zitronen sind im Sommer von Natur aus grün oder grünlich. Diese «Verdelli» sind die Früchte aus der Sommerblüte des Vorjahres und haben wegen der langen Reife am Baum ein eigenes erfrischendes Aroma.

Nach dem Schlemmen das Wandern

Die Langstreckenwanderer Johann Wolfgang Goethe und Johann Gottfried Seume sind noch immer gute Reiseführer. Weniger zum direkten Hinterhermarschieren als zum Vergleichen und Staunen. Wen es aber tatsächlich in den Füssen juckt, entdeckt ein Sizilien voller landschaftlicher Schönheiten. So wurde 1981 der Parco dello Zingaro, der erste Naturschutzpark im Nordwesten der Insel geschaffen. Mit seinen Badebuchten und der verträumten Tonnara von Scopello ist er eines der beliebtesten Wandergebiete. Seine Eröffnung damals war die Initialzündung für eine Reihe von ähnlichen Initiativen, wie der Naturpark der Madonien im Hinterland von Cefalù oder der Nebrodi auf den westlichen Ausläufern des Ätna. Wer gut ausgerüstet ist, kann sich hier auf mehrtägige Etappen einrichten; die «Rifugi» in der Nähe von Castelbuono oder Cesarò bieten nebst einfachen Zimmern eine herzhafte, gute Küche. Oder man macht von der Küste aus kürzere Ausflüge etwa von Syrakus in die Talschluchten von Pantàlica und Cassibile. Mit ihren urzeitlichen Grabhöhlen und dem Pflanzenreichtum ohnegleichen sind es wahre Lustgärten für Botaniker und Archäologen. Ein Feuer, das im Sommer 1998 Noto Antica und die Cava Grande del Cassibilie praktisch kahl brannte, dürfte Folgen haben, die man noch gar nicht richtig zu ermessen scheint. Des touristischen Werts ihrer Naturparks sind sich die Interessenverbände auf den Liparischen Inseln bereits stärker bewusst. Helikopter machen hier in den heissen Monaten Kontrollflüge. Auf Salina, wo seit 1997 das Schutzgebiet um den Monte Fossa delle Felci und Monte Porri sukzessive ausgebaut wird, gibt es zudem die Feuermelder auf Pikett. Diese Insel ist die uns persönlich liebste, weil sie im Verhältnis zum Fremdenverkehr noch sehr harmonisch funktioniert. Wir lieben sie wegen ihrer einmaligen mediterranen Vegetation. Und wegen der Kontraste: Wandern um die Vulkane, Baden im Meer und abends schlemmen.

«Das weinfarbene Meer – irgendwo habe ich das schon mal gehört oder gelesen», sagte der Ingenieur.
«Mag sein, dass ein Dichter das irgendwo geschrieben hat, ich jedenfalls habe noch nie ein weinrotes Meer gesehen», sagte der Professore und erklärte Nemè: «Siehst du, da unten an den Klippen ist das Meer grün, und weiter draussen ist es blau, dunkelblau.»
«Es sieht aber aus wie Wein», sagte der Junge unbeirrt.
«Er ist farbenblind», enschied der Professore.
«Farbenblind? Ach was!» empörte sich die Signora. «Ein Dickkopf ist er!»

Leonardo Sciascia, Das weinfarbene Meer

Stromboli
Panarea
Salina
Filicudi
Alicudi
Lipari
Vulcano
Fondachello Valdina
Milazzo
Barcellona
MESSIN
Castroreale
Capo d'Orlando
Mondello
PALERMO
Porticello
Bagheria
Capo S. Vito
Bonagia
Scopello
Erice
Valderice
Trapani
Levanzo
Marettimo
Favignana
Castellammare del Golfo
Alcamo
Segesta
Mozia
Marsala
Weingut Donnafugata
Weingut Vecchio Samperi
Mazara del Vallo
Castelvetrano
Selinunte
Menfi
Weingut Planeta
Sciacca
MAZARO
DELIA
BELICE
JATO
Monreale
P.d. Albanesi
Villafrati
Caccamo
Corleone
Bosco d. Ficuzza
Prizzi
VERDURA
PLATANI
Cefalù
Castel di Tusa
Castelbuono
Mistretta
NEBRODI
MADONIE
Gangi
Weingut Regaleali
Vallelunga
Villalba
Nicosia
Mussomeli
Enna
Caltanissetta
S. Angelo Muxaro
Agrigento
NARO
SALSO
DITTAINO
Novara di Sicilia
Castiglione di Sicilia
Randazzo
Taormina
Linguaglossa
Bronte
SIMETO
M. ETNA
Milo
Zafferana
S. Venerina
Viagrande
Adrano
Belpasso
Paternò
CATANIA
Piazza Armerina
GORNALUNGA
S. Michele di Ganzaria
Caltagirone
MONTI IBLEI
MAROGLIO
Licata
Gela
Sortino
Buccheri
ANAPO
Pantalica
SIRACUSA
Monterosso Almo
Chiaramonte Gulfi
Vittoria
Weingut Cos
Comiso
Ragusa
Avola Vecchia
Noto Antica
Avola
Noto
Lido di Noto
TELLARO
IRMINIO
Modica
Ispica
Marzameni
Pachino
MITTELMEER

Adressen

Nordosten und Liparische Inseln

Restaurants
* mit Hotel

Antico Casale
Via Passo Gravina 281a, 95126 Catania
Tel. 095/242827

Belvedere dell'Etna
Via del Bosco 20, 95011 Milo (CT)
Tel. 095/955253

Cantine del Cugno Mezzano
Via Museo Biscari 8, 95126 Catania
Tel. 095/7158710

Circolo Uliveto
Via Pemi 4, 95039 Trecastagni (CT)
Tel. 095/7806988

Da Franco
Via Belvedere, 98050 Santa Marina-Salina
(Isole Eolie ME)
Tel. 090/9843287

E Pulera
Via Diana, 98055 Lipari (Isole Eolie ME)
Tel. 090/9811158

Filippino*
Piazza Municipio, 98055 Lipari (Isole Eolie ME)
Tel. 090/9811002

Poggio Ducale*
Via Paolo Galfami 5, 95126 Catania
Tel. 095/330016

Portobello
Via Bianchi 1, Santa Marina-Salina
(Isole Eolie ME)
Tel. 090/9843125

Punta Lena
Via Marina 8, 98050 Stromboli (Isole Eolie ME)
Tel. 090/986204

Rifugio Villa Miraglia*
Strada Stat. 289, Loc. Bosco della Miraglia,
Cesarò (ME)
Tel. 095/696585

Tenuta Gangivecchio*
Loc. Gangivecchio, 94014 Gangi (PA)
Tel. 0921/89191

Vecchio Palmento
Via Failla 2, 90013 Castelbuono (PA)
Tel. 0921/72099

Villa Esperanza
Via Baronia 191, Loc. Capo Milazzo,
98057 Milazzo (ME)
Tel. 090/9222916

Hotels

Airone
Via Cassone 67, 95019 Zafferana Etnea (CT)
Tel. 095/7081819

Albergo d'Arte Atelier sul Mare
Via Cesare Battisti 4, 98070 Castel di Tusa (ME)
Tel. 0921/334295

L'Ariana
Via Rotabile 11, 98050 Rinella-Salina
(Isole Eolie ME)
Tel. 090/9809075

Il Gabbiano
Via Marchesana 4, Loc. Lido Marchesana,
98050 Terme Vigliatore (ME)
Tel. 090/9782343

Pineta
Via San Paolo 35A, 94014 Nicosia (EN)
Tel. 0935/647002

Raya
Via San Pietro, 98050 Panarea (Isole Eolie ME)
Tel. 090/983013

Signum
Via Scalo 15, 98050 Malfa-Salina
(Isole Eolie ME)

Villa Paradiso dell'Etna
Via per Viagrande 37, 95037 San Giovanni
la Punta (CT)
Tel. 095/7512409

Villa Augustus
Vico Ausonia 16, 98055 Lipari (Isole Eolie ME)
Tel. 090/9811232

Villa Ducale
Villa Leonardo da Vinci 60, 98039 Taormina (ME)
Tel. 0942/28153

Weingüter und Kellereien

Barone Scammacca del Murgo
Piazza Scammacca 1, 9531 Catania
Tel. 095/7130090

Benanti
Via Garibaldi 475, 95029 Viagrande (CT)
Tel. 095/7893533

Caravaglio
Via Provinciale 33, 98050 Malfa-Salina (ME)
Tel. 090/9844368

Palari
Loc. S. Stefano Briga, 98123 Messina
Tel. 090/694281

Weitere Adressen zum Einkaufen und Geniessen

Für Granita:
Eden Bar
Piazza Matteotti, 95029 Viagrande (CT)

Für Demeter-Produkte:
Coop. Salamita
Viale Milite Ignoto 29–31,
98051 Barcellona P.G. (ME)

Für traditionelle Dolci:
Pasticceria Russo
Via Vittorio Emanuele 105,
95010 Santa Venerina (CT)

Pasticceria Savia
Via Etnea 302–304,
95126 Catania

Subba 1930
Via Vittorio Emanuele 92, 98055 Lipari (ME)

Dolceria I buon Venuti
Via Cannizzaro 146/150, 98122 Messina

Für Fruchtbrände und Grappa:
Distilleria Giovi
Via Valdina, 98040 Foncachello Valdina (ME)

Für Kapern:
Coop. S. Onofrio
Via Chiesa 3, 98050 Pollara-Salina (ME)

Westen und Ägadische Inseln

Restaurants
* mit Hotel

Antica Focacceria San Francesco
Via Paternostro 58, 90100 Palermo
Tel. 091/320264

Azienda Agrituristica Baglio Vajarassa*
Contrada Spagnola, 91025 Marsala (TP)
Tel. 0923/968628

Delfino
Lungomare Mediterraneo sud,
91025 Marsala (TP)
Tel. 0923/998188

Egadi*
Via Cristoforo Colombo, 91023 Favignana
(Isole delle Egadi)
Tel. 0923/921232

Friends Bar
Via Filippo Brunelleschi 138, 90100 Palermo
Tel. 091/201066

Il Vigneto
Contrada Gurra di Mare, 92013 Menfi (AG)
Tel. 0925/71732

La Muciara
Via Roma 105, 90017 Porticello (PA)
Tel. 091/957868

La Cambusa
Piazza Marina, Palermo
Tel. 091/584574

Moderno*
Via V. Emanuel 63, 91016 Erice (TP)
Tel. 0923/869300

Monte San Giuliano
Vicolo San Rocco 7, 91016 Erice (TP)
Tel. 0923/869595

Mulinazzo
Strada statale 121, 90030 Villafrati (PA)
Tel. 091/8724870

Taverna del Pavone
Vicolo Pensato 18, 90046 Monreale (PA)
Tel. 091/6406209

Tavernetta Ai Lumi
Corso Vittorio Emanuele 15, 91100 Trapani
Tel. 0923/872418

Trattoria del Pescatore
Via Castelvetrano 191,
91026 Mazara del Vallo (TP)
Tel. 0923/947580

Vittorio*
Piazza Porto Palo, 92013 Porto Palo-Menfi (AG)
Tel. 0925 / 78381

Hotels

Al Madarig
Piazza Petrolo 7,
91014 Castellamare del Golfo (TP)
Tel. 0924/33553

Alceste
Via Alceste 23, 91022 Marinella-Selinunte (AG)
Tel. 0924/46184

Baglio della Luna
Contrada Maddalusa, 92100 Agrigento
Tel. 0922/511061

Baglio Santacroce
91019 Valderice (TP)
Tel. 0923/891111

Carrubella Park Hotel
Via Umberto I 233, 90046 Monreale (PA)
Tel. 001/6402188

Elimo
Via V. Emanuele 75, 91016 Erice (TP)
Tel. 0923/869377

Park Hotel
90010 Piano Torre-Piano Zucchi (PA)
Tel. 0921/662671

Tonnara di Bonagia
Largo Tonnara, 91010 Bonagia (TP)
Tel. 0923/431111

Weingüter und Kellereien

Tasca d'Almerita
Regaleali, 93010 Vallelunga Pratemeno (CL)
Tel. 0921/544002

Florio
Via Vincenzo Florio 1, 91025 Marsala (TP)
Tel. 0923 /781111

Marco De Bartoli
Contrada Da Fornara 292, 91025 Marsala (TP)
Tel. 0923/962093

Tenuta di Donnafugata
Via Sebastiano Lipari 18, 91025 Marsala (TP)
Tel. 0923/999555

Planeta
Loc. Ulmo e Maroccoli, 92017 Sambuca
di Sicilia (AG)
Tel. 0925/80009

Weitere Andressen zum Einkaufen und Geniessen

Für Konfitüren und Eingemachtes:
I Peccatucci di Mamma Andrea
Via Principe di Scordia 67, 90139 Palermo

Für Olivenöl und Oliven:
Oleificio Barbara
Via E. Amari 55/A, 90139 Palermo

Becchina Gianfranco
Tenuta dei Principi Pignatelli,
91622 Castelvetrano (TP)

Für Geschirr und Antiquitäten:
Orient Carpet
Via Castelbuono 24 b,
91026 Mazara del Vallo (TP)

Für Mandelgebäck:
Pasticceria Grammatico Maria
Via Vittorio Emanuele 14, 91016 Erice (TP)

Für Granita:
Sebastiano Compagno, Via Roma 15,
91100 Trapani

Südwesten

Restaurants
* mit Hotel

Dafne
Via Elorina 97, 96100 Siracusa
Tel. 0931/21616

Eremo della Giubiliana*
Strada Prov. 25 per Marina di Ragusa,
97100 Ragusa
Tel. 0932 /669119

Fattoria delle Torri
Vico Napolitano 14, 97015 Modica (RG)
Tel. 0923/751286

Jonico a Rutta e Ciauli
Riviera Dionisio il Grande 194, 96100 Siracusa
Tel. 0931/65540

Le Due Palme
C. da Calafomo, Monterosso Almo (RG)
Tel. 0932/976815

Majore
Via Martiri Ungheresi 12, 97012 Chiaramonte
Gulfi (RG)
Tel. 0932/928019

Masseria di Giovanni Cascone
Contrada Gallina, 97100 Ragusa
Tel. 0932/66 40 20

Opera
Via Carlo Alberto 133/B, 97019 Vittoria (RG)
Tel. 0932/869129

U Locale
Via Dusmet 14, Buccheri (SR)
Tel. 0931/87923

Hotels

Azienda Agrituristica Il Rovet
Strada Prov. 19, km 9,
96017 Vendicari-Noto (SR)
Tel. 0931 / 66024

Domus Mariae
Via Vittorio Veneto 76, 96100 Siracusa
Tel. 0931 / 24858

Montreal
Via San Giuseppe 6, Ecke Corso Umberto,
97100 Ragusa
Tel. 0932 / 621 133

Pomara
Via Vittorio Veneto 84,
95040 San Michele di Ganzaria (CT)
Tel. 0933 / 977090

Villa Lucia
Contrada Isola, Mondello 1, 96100 Siracusa
Tel. 0931 / 721007

Weingüter und Kellereien

COS
Piazza del Popolo 34, 97019 Vittoria (RG)
Tel. 0932 / 864042

Weitere Adressen zum Einkaufen und Geniessen

Für Honig und Kräutermischungen:
Erboristeria L'Artemisia
Via Rocco Pirri 51, 96017 Noto (SR)

Für Konfitüren, Mandelgebäck und Torrone:
Caffè Sicilia
Corso Vittorio Emanuele 125, 96017 Noto (SR)

Für Olivenöl und Honig:
Azienda Agricola Imakara
Contrada Valle delle Ferle,
95041 Caltagiron (CA)

Für Thunfisch-Produkte:
Campisi Salvatore
Via Marzamemi 12, 96010 Marzamemi
Pachino (SR)

Für Oliven und Olivenöl:
Conserviera Lucifera
Contrada Piano Mondello 17,
97012 Chiaramonte Gulfi (RG)

Für Salami und Culatello:
Majore
Via Martiri Ungheresi 12,
97012 Chiaramonte Gulfi (RG)

Für Honig und Käse:
Giorgio Cannata
Via Marchesa Tedeschi 32, 97015 Modica (RG)

Casa del Formaggio
Corso Italia 130, 97100 Ragusa

Für traditionelles Gebäck und Schokolade:
Antica Dolceria Bonaiuto
Corso Umberto I 159, 97015 Modica (RG)

Adressen von Kochschulen

Eleonora Consoli
Via Contemare 9
95029 Viagrande (CT)
Tel. und Fax 095 / 7890116

Anna Tasca Lanza
Weingut Tasca d'Aimerita
Regaleali, 93010 Vallelunga Pratemeno (CL)
Tel. 0934/814654 oder 0921/544011

Andere nützliche Adressen

Rifugi für Wanderer (Hütten mit einfachen Zimmern und Essen):
Rifugio Villa Miraglia
Strada Stat. 289, Loc. Bosco della Miraglia,
Cesarò (ME)
Tel. 095 / 696585

Rifugio Francesco Crispi
Piano Sempria, Castelbuono (PA)
Tel. 0921 / 672279

Agriturismo für Ferien auf dem Bauernhof

Associazione Regionale Agriturist
Via A. D. Giovanni 14, 90139 Palermo
Tel. 091 / 296666

Bibliografie

ACCADEMIA CUCINA REGIONALE, *Guida alla ristorazione in Sicilia*, 1998
AMANN PETER, *Wanderungen auf Sizilien*, Bruckmann 1997
BIRRI FLAVIO/COCO CARLA, *Nel segno del baccalà*, Marsilio Editore o. J.
BUFALINO GESUALDO, *Museum der Schatten*, Wagenbach 1992
CALABRESE FRANCESCO, *La favolosa storia degli agrumi*, Agricoltura 1990
CARNABUCI BRIGIT, *Sizilien*, Dumont 1998
CONSOLI ELEONORA, *Cucina del Sole*, Tringale Editore o. J.
CONTE PAULO, *Azzuro*, CGD Milano 1985
CORRENTI PINO, *Il libro d'oro della cucina e dei vini di Sicilia*, Mursia Editore 1976
ESPRESSO, *Alberghi d'Italia*, 1998
GAMBERO ROSSO, *Ristoranti d'Italia*, 1998
GAMBERO ROSSO, *Vini d'Italia*, 1998
GOETHE JOHANN WOLFGANG, *Italienische Reise*, Hanser 1981
MARAINI DACIA, *Bagheria, Eine Kindheit in Sizilien*, Piper 1994
MARONI LUCA, *Annuario di migliori vini italiani*, 1999
MARONI LUCA, *Guida dei vini italiani*, 1999
MERIAN, *Sizilien*, 1989
MONDADORI, *Alberghi di Bell'Italia* o. J.
PETER PETER, *Sizilien, Literarische Entdeckungen im Land, wo der Teufel sein Weib nahm*, Klett-Cotta 1997
RECUPERO NINO, *Führer durch Catania und seine Provinz*, Maimone 1993
SCIASCIA LEONARDO, *Schwarz auf Schwarz*, Zsolnay 1987
SCIASCIA LEONARDO, *Mein Sizilien*, Wagenbach 1995
SCIASCIA LEONARDO, *Das weinfarbene Meer*, Fischer Taschenbuch 1999
SEUME JOHANN GOTTFRIED, *Spaziergang nach Syrakus*, dtv 1994
TASCA LANZA ANNA, *La Sicilia in cucina*, Mondadori 1995
TASCA LANZA ANNA, *The flavours of Sicily*, Clarkson Potter 1996
TAYLOR SIMETI MARY, *Bitter Almonds*, William Morrow 1994
TOMASI DI LAMPEDUSA GIUSEPPE, *Der Leopard*, Piper 1996
VERONELLI, *I Ristoranti*, 1998
VERONELLI, *I Vini*, 1998
VERONELLI, *Le Soste*, 1997
VITTORINI ELIO, *Gespräch in Sizilien*, Manesse 1977

Rezeptverzeichnis

Italienisch

Deutsch